奇跡が実現！

驚異のマインドフルネスタッピング

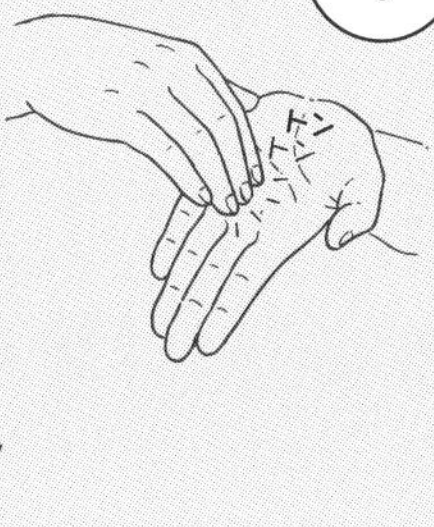

たった1分、
指先でトントンするだけの
究極のセルフヒーリング
＆願望実現法

布袋ジョージ

ライトワーカー

推薦のことば

マインドフルネスタッピング®創始者
山富浩司

本書を今、手に取られている方は、人生を大きく好転するための**「ギフト」**を、手にされようとしているのかもしれません。

お金、家族関係、恋愛、仕事、夢実現、これまで「うまくいかなかった理由」がわかり、その後は、それらが確実に好転していくことでしょう。

本書にはそんな確かな「力」があります。

飛ばし読みではなく、少しずつ何度も読み返すことで、あなたの日々と人生は確実に好転していきます。

「人はどんな状況、状態であっても好転できる」
「神さまは、乗り越えられる試練しか与えない」
そんな言葉を聞かれたことがあるかもしれません。私ももちろんあります。

ただ、私はそれらの言葉を耳にする度に、

「そんなの嘘だ！」

「選ばれた人、乗り越えた人だけが言える言葉なんだ」

「自分には無理だ」

そんなふうに思っていました。


なぜなら私自身、生まれた環境が極貧、凄絶な家庭崩壊とＤＶ、二十代での大病による余命宣告、三十代に阪神大震災で家を失う、その後の重度のうつとパニック発作の発症、何度かの自殺未遂、五十歳を目前にしての長年勤めた会社からの突然のリストラ等、「不幸のオンパレードの半世紀」だったためです。


その間、かろうじて生きようと思ったのは、当時母が健在だったためです。

二十代の頃、「どんなことがあっても死ぬんじゃないよ」

何度も、そう声をかけられていました。

母は、私のやるせない気持ちを感じ取っていたのだと思います。

そんな「絶望の半世紀」を過ごしていた私が、二〇一一年二月二〇日のリストラ。そして、その直後に起こった東日本大震災を機に「目覚めた」のです。

阪神大震災で被災した私に対して、当時多くの方が励ましてくださいました。そんな方々が、今甚大な被害に遭われている。自身の無力さに、居ても立ってても居られない気持ちに襲われました。

被災地へ救援物資を送ったり、募金は行なったものの「それでは足りない」という気持ちが収まりませんでした。

震災翌日、私は川べりの車の中で叫びました。

「神様！　もし神様がいるなら、私に『力』を授けてください！

その『力』をお手渡しすることで、被災された方々のお役に立ちます！」

そう宣言したのです。

その瞬間、雷に打たれたかのような衝撃がありました。

今まで自身が半世紀もの間、まったくうまくいかなかったこと、夢や願い、目標が叶わなかったこと、それらすべての原因がわかったのです。

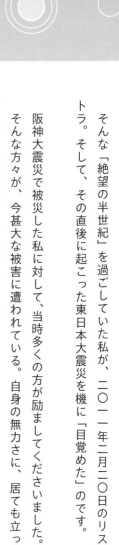

「夢や願い、目標という『目的地』を設定しながら、ブレーキをかけている」

ということに。

いくら高性能な最新型の車を手に入れて、「目的地」をナビゲーションで設定したとしても、**アクセルと同時にブレーキを踏んでいれば、車は前に進むことができません**。

そのこととまったく同じことを、人生での夢や願い、目標に対して、自分でブレーキをかけていたのです。

「人生の最底辺の状態をなんとかしたい」

その一心で、私は二十代から「思考は現実化する」に類するセミナーや講座を受けていました。さらには成功者から直接コンサルタントを受けてもいました。

その間、約三十年。家が建つほどのお金も費やしました。

それでも一向に状況は改善しない。それどころか、お金、人間関係、仕事、健康、プライベート、それらすべてが、さらに悪化の一途をたどっていったのです。

「前に進もうとしながら同時にブレーキをかけている」

その状態では、自転車であっても前に進むことはできません。

夢や願い、願望実現、「引き寄せ」も同じです。そのことが初めてわかった瞬間でした。

自身が被災した経験上、**一番大切なことは、不安、心配、イライラなどを手放すこと**です。

それらの強い負の感情（エネルギー）を持ったまま、お金を得たとしても、その後は必ず心身が壊れていきます。経済、人間関係、仕事等も同様です。

人生は短距離走ではなく、マラソンのようなものです。

その間の、**自身の感情、エネルギー、思いと、実現象は完全に一致します。**

だからこそ、生まれ持っての超前向きな方以外の方は、**「自身の感情を簡単に整えることのできる手法」を身につけておくことがもっとも重要**です。

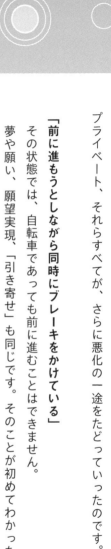

それが**マインドフルネスタッピング®**という手法です。私は『**願望実現加速装置**』と呼んでいます。

「人生のブレーキを解除する方法」を得ることができた私は、その瞬間から人生がV字好転していきました。

一般社団法人の設立、国内外での願望実現セミナーや講座、講演会の実施、著名な経営者、芸能人、プロスポーツ選手や監督へのコンサルティング、他にも得たものは数えきれない程たくさんあります。

その中で一番嬉しいものは、「七世代先の世界中の方が、豊かで幸せであるような、より良い世界を創る一助となる」、そんな『和の思い』『和の志』を持たれている、素晴らしい仲間がたくさんできたことです。

私はそれらの方を「虹の仲間」と呼んでいます。

マインドフルネスタッピング®と出会ってから、人生を大きく好転された『**奇跡の人**』が、私のまわりには多数います。

この本の著者、布袋ジョージさんもまた、その一人です。

私は敬意を込めて彼のことを『**生きる引き寄せ伝説**』と呼んでいます。

彼と初めてお会いしたときのことは、ほんの少し前のように鮮明に覚えています。

私の講座を受講してくださったのですが、一目見てすぐに「危ない！」と思いました。

「危ない」のは、「このままだと死ぬかもしれない」と思ったためです。

私は「氣」やエネルギーを扱えるようになるエネルギーマイスター®という講座も扱っている関係から、初対面の方であっても、その人の内面から発する「氣」やエネルギーから、その人が今どんな状態かがわかります。


初対面で布袋ジョージさんから感じたエネルギーは、「風前の灯火」。

まさに消えゆくロウソクの、ゆらゆらとしたエネルギーでした。

目はうつろで、呼吸をするごとに「ヒューヒュー」と辛そうな音が聞こえていました。

眉間にシワを寄せ、下を向き、両手で身体を支え、歯を食いしばっていました。

この場にいるのがやっとという状態でした。

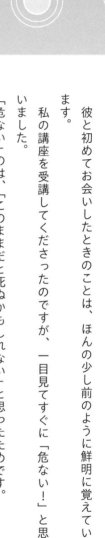

その瞬間、私は心の中で涙が溢れてきました（実際に少し涙目になっていたかもしれません）。

「この方は、これまで物凄い苦労をされてきたんだ」

「今も辛い中、こうやって這うように講座を受けに来てくれている」

「極限状態の中、希望の光を掴もうとされている」

それらの気持ちがダイレクトに伝わってきて感極まったのです。


言葉は不要でした。

まるで少し前までの自身の姿が、そこにはありました。


「今まで、お辛かったですね。でも、もうこれからは大丈夫ですよ」

そんな言葉が勝手に出ていました。

決してリップサービスではなく、心からの言葉でした。

私はどんな方でも、ご縁ある人には「大丈夫」と思える確信があるためです。

またその確信がなければ、今の仕事（志事）はできないと思っています。

布袋ジョージさんに対しても同じでした。

「これからは、絶対に素晴らしい日々となっていける」

そんな確信とともに、同じ時を共有しました。

実際その日を機に、布袋ジョージさんの人生は、急速に改善していきました。

「劇的な改善」と言っても過言ではありません。

詳しくは本書をお読み頂けましたら幸いです。


天性の優しさとユーモア、そして親しみやすさに溢れている布袋ジョージさんは、今では多くのファンがおられます。

ディズニーの「くまのプーさん」のような、愛されキャラです。

私は、彼は「変わった」のではなく、元々の素晴らしい状態に戻られたのだと理解しています。

布袋ジョージさんに限らず、誰もが実は**「戻る」**だけで完全体になれます。

本書では、その方法も書かれています。


「たった一度の人生。素晴らしい日々と人生を送りたい」

「どんな状態であってもV字好転できる『一生モノ』の方法を身につけたい」

「自身だけではなく、自他ともに笑顔、幸せになれる方法を習得したい」

「もっとたくさんの笑顔を見たい」

そんな方にとって、本書は『希望の書』となることでしょう。


次に『奇跡の人』『願望実現の超達人』となるのは、あなたです！

マインドフルネスタッピング　目次

第一章 マインドフルネスタッピングの世界観

第六章 マインドフルネスタッピングの活用例

終章 「幸せ」が最高の解決策

Mindfulness Tapping

第一部 理論編

序章　どん底の人生

風前のともしびの希望

私が、『マインドフルネススタッピング®』というメソッドに初めて触れたのは、二〇一七年の冬のことでした。メソッドの創始者である山富浩司先生の講座に出席したのです。

私は長年の不幸・不運から脱出したくて、藁にもすがる思いでした。

しかし、その反面、「また、今度もダメだろうな……」という諦めにも似た気持ちも抱いていました。

それまでにも類似する数多くの教えを受けていましたし、メソッドも学んできました。セミナーや講座に参加してマンツーマンのセッションを受けたり、ときには誰かに弟子入りをしたり……。

かなりの出費を要しましたが、それらの多大な労力や努力が報われたことは、結局はありませんでした。むしろ、より不幸に、より不健康になっていくような経験ばかりが続いていきました。

「何も学ばなかったほうがよかったのではないか……?」

そう思うこともしばしばありましたが、失敗を繰り返していくうちに、ずるずると不幸と不運の深みにはまっていったのです。

ですから、マインドフルネスタッピングを受講するときも、私は期待することができませんでした。

これ以上、事態がわるくならないことを祈りながら、そのときの私には「ひょっとしたら……よくなるかもしれない……」という、ごくわずかな淡い希望くらいしか残されていなかったのです。

二〇一七年当時、私は五十代に入っていました。

五十数年の人生のうち、健康でいられた年月は十二年ほどです。

十三歳のころから消化器の異常に苦しむようになり、十六歳の夏からは、ずっとうつ病に苦しめられました。

三十数年続いたうつ病は、現代医学におけるあらゆる治療をしてもよくなることはなく、そのうち「これは宿痾《しゅくあ》なのだ」と諦めるまでになったのです。

複雑な家庭環境

私の両親は山陽地方の田舎で生まれ育ちました。学歴もなく、特別な資格も持っていなかったふたりは、のちに私の義理の祖父となる人に養子として引き取られたのです。祖父の実家は代々、東京のど真ん中で商売を営んでいました。

祖父と父は年齢差がさほどなく、幼少時の私には、どちらが〝本当のお父さん〟なのか、よくわからないところがありました。

父は日中、仕事に出かけていて家にいませんが、祖父は自宅をオフィスとして使っていたので、私は学校に通うまでは絶えず祖父と顔を合わせていました。

性格的にもふたりは異なり、父は何事にも淡泊で愛情が薄い人でしたが、祖父は反対に私を溺愛したのです。

祖父はたいへんなインテリでしたが、特定の人や物事にのめり込みやすく、偏狭で、かなりエキセントリックな性格であり、かんしゃく持ちでした。

また、祖母も非常に気難しく激しい性格をしていて、これまで私はさまざまなタイプの人にめぐり会ってきましたが、祖母くらい得体の知れない心を持つ人には、いまだに会ったことがありません。

こうした近所でも有名なほど強烈なキャラクターの祖父母が支配している家では、田舎出の両親はほとんど自由な言動ができなかったようです。

私の母は芯の強い人ですが、性格がやさしくて穏やかだったため、家の中ではたいへんな苦労をしていました。

私の幼少時の記憶には、いつも張り詰めていて、疲れ切っている母がいます。でも、息子の私に対しては、常に精一杯の慈しみを与えてくれました。

でも、私にとって、それはとても辛いことでもありました。私は生まれつき感受性が強く、母の不自由さや悲しみを直接感じてしまうからです。

当時は今のように簡単に離婚ができる風潮ではなく、またほかにも複雑な事情があって、母には実家に帰るという選択肢はありませんでした。いかに辛くても耐える以外に生きる道がなかったのです。

私は、いつも母の心配ばかりしていました。同時に、いいかげんな性格で無責任だった父に対して、いつしか憎しみを覚えるようにもなったのです……。

このような事情の家庭に生まれ育った私ですが、その後、次から次へと災難が降りかかってくる半生を過ごすことになります。

問題だらけの交友関係

対人運に恵まれてないのか、幼いころから私に大きな被害を及ぼす人物が次々と現われ、肉体的にも精神的にも過酷な目に遭うことが多かったようです。

例をあげればキリがないですが、簡単にいえば、私は極端なパーソナリティーの人と深く関わる傾向がありました。

小学校の低学年では、現在ではあり得ないレベルの暴力教師に目をつけられ、顔を合わせるたびに理不尽な理由で殴る・蹴る・暴言を吐かれるという体験を長期間にわたって経験しました。登校するたびに、恐怖に満ちた時間が私を待ち受けていたのです。

その後、家を引っ越すことになったのでこの教師とは縁が切れましたが、今にして思えば、いくら昭和の時代とはいえ、あれほど異常な、幼児虐待を好んでいたとしか思えないような教師がいたことが信じられません。

ほかにも、今でも詳しくは語りたくない体験をもたらした人物が何人もいますが、そうした記憶について語ることは控えさせていただき、ここで記せるレベルの例をいくつかあげてみます。

たとえば中学時代、価値観も進路もまったく異なるのに執拗に私をライバル視し、嫌がらせとしか思えない念の入った言動をとり続けた自称〝親友〟の男性がいました。

彼の迷惑な行動は長期にわたって継続したのですが、うつ病で弱っていたとはいえ、昔の私はそういう相手を拒絶できない弱腰なところがありました。

また、ある女性に好意を持たれたことがありましたが、まったく私の好きなタイプの方ではなかったので、おつき合いをお断りしたことがあります。

すると彼女は逆上し、呪いをかけているとしか思えない行為を繰り返し、私を自殺に追い込もうとするという、まるでホラー映画のような体験もしました。

私自身も迷路にはまっていましたから、悩み多き自分の人生をなんとかしようとして、何かしらの安直な「救い」を求めて、ほとんど衝動的にある精神世界系の団体に加入しましたが、急速にカルト化し、脱会するのに苦労したこともあります。

その団体の主幹に当たる男性は、いわゆる〝教祖〟タイプの男性であり、自我が肥大した強烈なパーソナリティーの持ち主でした。

やさしそうな顔をして近づいてきますが、いざとなると「オレに逆らう奴は絶対に許さない」という性格です。のちに、西洋に「悪魔は天使の顔をして近づいてくる」という諺があることを知りました。

こうした人たちに定期的に出会うことになり、そのつどとんでもない目に遭うというのが、私の半生だったのです。

今になって断言できますが、こうした悩ましい人間関係から生み出される苦痛は、未然に避けることができます。

〝困った人〟に出会う確率も、〝困った出来事〟に巻き込まれる確率も、劇的に低くすることは可能なのです。

また、仮に今現在、そのような関係の渦中にいて、血を吐くような苦しみを経験しているとしても、本人の気持ちしだいで驚くほど短期間にそこから抜け出すことが可能です。

本書では、なぜ〝困った人〟や〝困った出来事〟にめぐり会ってしまうのか、その仕組みや、そうなってしまう気質や体質をどうすれば変えることができるのかを解説しています。

簡単にいえば、**自分を支配しているある種の感情、その感情に基づいて形成されている思**

考のクセ、それらによって織りなされる自分が発しているエネルギーの質が原因となっている、ということです。

「自分を変えれば、周りは変わる」とよく言われますが、それは間違いありません。

本書でお伝えするメソッドはそれを容易にするものであり、特別な才能や資質も、苛烈な覚悟もいりません。

〝自分を変える〟ということは本当に簡単で楽で、気持ちのよいことなのです。

思春期から続いたうつ病

私を取り巻く環境や人間関係がやっかいだったこともあって、私のうつ病はこじれるばかりでした。

ご存じの方もいらっしゃるでしょうが、うつ病はとても辛い病気です。

気分の落ち込みが突然やってきて、何もできなくなります。全身のエネルギーが枯渇したようになり、活動力も激減すれば、気力や能力も信じがたいくらいに落ちてしまいます。

不定期にやってくるそうした気分の落ち込みの辛さは、「早く死にたい……」と思うことはしょっちゅうで、ときには「今すぐ死んでしまおう！」と決意しかかるほどです。それを実行できないでいるのは、あまりにも心身が不活発になっているという理由だけです。

しかし、思い切って自殺に及ぶ心配もあるため、医師は薬を処方します。最近はうつ病の薬も発達しましたが、私が発症した当時は、うつ病は比較的マイナーな病気だったせいか、処方される薬はすさまじくヘビーなものだったように思います。

薬を飲めばたしかに気分が楽になりましたが、ほとんど何もできなくなってしまいます。ただただ、ぼんやりとして時をやり過ごすことしかできません。生きながらに死んでいるような〝ゾンビ状態〟です。

そんな状態で、たとえば学校に行ったらどういう扱いを受けるのか、想像するに難くないでしょう。同学年の十代の人間たちが、ここまで残酷かつ冷酷になれるのかという思いを、私はいく度も経験しました。

私の場合、うつ病を発症した時期が十六歳と若く、またかなりひどい状態にまでなっていたので、処方される薬の量も多かったようです。

そのせいなのか、十六歳の夏ごろの数カ月の記憶はまったくありません。青春真っ只中の夏の時期に、私はほとんどの時間を病院のベッドで過ごしていました。幸か不幸か、そのときの思い出どころか、記憶そのものが欠落しているのです。

成人してから、退行催眠というものを何回か経験しましたが、その時期のことを思い出すことはできませんでした。仮に思い出せたとしても、それで心が癒やされることもなかっただろうと思いますが……。

睡眠が必要とのことで医師は睡眠薬を処方しましたが、量も多く、効き目が強いだけに体にとっては非常にきついものでした。副作用があるのです。

私の場合、ストレスのせいもありますが、毛髪が抜け落ち、肌がガサガサに荒れ、むくみ、体からは薬品臭がしていました。

私の記憶にはないのですが、そんな状態でベッドの上で肋骨が浮き出るほどに痩せ細り、朦朧とした意識で虚空を見つめている私を見た母は、ショックのあまり号泣したとあとで聞きました。

内臓の調子もおかしくなり、体のどこかが常にうずくような不吉な痛みを発しています。しかし、まだそのころは具体的な内臓疾患はなかったので、日々、うつ病の薬と大量の睡眠薬に頼りながらなんとか生き続けました。

青春時代というものは私には存在しなかったし、異性との恋愛も、仲間との友情も、師弟関係も存在しませんでした。幼いころ、将来はこうなりたいと夢見た未来への希望は、完全に放棄しなくてはなりませんでした。

また当時は、私の生まれ育った家庭はすでにメチャクチャに荒れていました（その内容については、とてもわずかな紙数では語れるものではありません）。

余談ですが、現在の私は肌のつやも良好で、多くの方に三十代と間違えられるくらいですが、毛髪に関してはどうにもならないため、すっかり頭を丸めています。

なぜ、ここまで生き続けてこられたのか、自分でも不思議ですが、本当に生命の危機の状況に置かれたときは、人はただ生き延びることしか目指さなくなるようです。

「生きたい！」というのではなく、生命が続く限り、体が維持できている限りは、ただ〝生きる〟というだけになるのです。

幸運だったのは、当時の私の家庭は荒れてはいましたが、経済的に困窮したことがなかったことです。

おそらく平均的な同年代の男性の中でも、本来の私の体力は上位に入ると思いますが、当時の私は電車の駅の階段を上がるのも青息吐息でした。もし、家が経済的に困窮していれば、私は働かなくてはなりませんが、私にできる仕事などあるわけがありません。

実は、金運というものは自分の過去と強く関わっているからこそ、本人の心がけしだいで上げることが可能なのです。そうした話もこれから述べていくことになります。

不眠、アルコール依存、肝炎、膵炎

このような状況が、その後も程度の差こそあれ継続していきました。

さすがに、ただ生きているというような状態は十九歳ころに脱したものの、健康とはほど遠い状態でした。そして二十代も終わりのころから、いよいよ肉体への悪影響が出てきたのです。

まず、太りはじめました。ダイエットをしてはリバウンドという悪循環にはまりました。さらに、過度の飲酒、過度の喫煙、恒常的な睡眠薬への依存と質のわるい睡眠、乱れまくった生活リズム……起きて目が覚めているときは現実世界に苦しみ、なんとか眠りにつけば悪夢に苦しめられるという、冗談のようなものすごい日々を送りました。

心の中の状態もひどく、現実から逃避するために睡眠薬とアルコールを併用するようになり、一時的な快楽というか感覚の麻痺、あるいは混乱を楽しんでいました。

このように強い薬と強いアルコールを併用していれば、体にかかる負担は甚だしいものになります。ときには心臓が爆発するのではないかというほどの激しい動悸が起こり、冷たい汗をかいたりします。

こうして自分で自分の内側から壊した体を修復させるには、なまなかな努力では叶いません。後悔することになります。

そのうち、今まではないくらいに体調がおかしくなり、疲れ方が尋常ではなくなりました。肝炎を発症していたのです。肝炎はすぐに膵炎に発展し、一時は命に関わるほど悪化しました。

私の肝炎は複合型ともいえるもので、はじめに急激に太ったことから脂肪肝になり、そこに度を越した飲酒が重なってアルコール性肝炎を併発し、さらに抗うつ剤や睡眠薬を大量に飲んでいたので（特に睡眠薬の量が半端ではありませんでした）、薬物性の疑いもありました。

医師には、「お酒をやめないと五年以内に肝硬変から肝がんになって、確実に死にますよ」とあきれ顔で告げられましたが、完全に依存症に陥っていた私は、そう簡単にお酒をやめることはできませんでした。

また、たとえお酒をやめたところで、自分を大切にしない心が改まっていない限り、別の原因で体のどこかをひどく壊していたでしょう。

そして、当時はわかりませんでしたが、〝自分を大切にしない〟人は他人も大切にしないのです。いかに表面的にはやさしくおだやかであっても、心の底では誰のことも大切にはしていません。

そういう場合、やがて他人から大切にされることもなく、自分が自分を粗末に扱っているよりも、もっとひどい扱いを受けるようになってしまうのです。

なぜでしょうか？

潜在意識には自他の区別がつかないからです。

うわべでは自分と他人を区別していても、心の深いところでは一緒です。心というものは深い部分の領域のほうが大きいので、自暴自棄は他暴他棄ということになります。

しかし、当時はそんなことを知るよしもなく、また知ったとしてもどうしたらいいのか見当もつかなかったでしょう。

肝炎と膵炎による肉体的な苦しみは徐々に激しいものとなりました。医師には「いつ膵炎の発作が起きてもおかしくない」と言われ、「もし発作が起きたら、激痛で動くどころか話すこともできなくなる。誰かが見つけて救急車を呼んでくれなかったら、そのまま死にます」と警告されました。

そして、「仮に救急車が間に合ったとしても、即座に外科手術に移行するしかなく、そうなると四分の一の確率で命を失うから覚悟しておいてください」と、まさに最後通告を突きつけられてしまったのです。

そのころは、少し食べすぎると耐えがたい吐き気に襲われるので、トイレに直行していました。拒食症ではなく体が受けつけないのです。

自分の体がそういう状態になってくると、性格の面でもかつての自分には考えられなかったようなわるい面が出るようになり、短気になり、冷淡になりました。

おそらく肉体面で受け止めていた余裕のようなものがなくなったため、奥底に秘めていた自分に対する態度が、他人に向かって放たれるようになったのだと思います。

当然、人からも嫌われるし、新しい友だちなどできるわけがありません。

しかし、そんなことはもうどうでもよくなっていました。もはや健康体に戻れるとは思っていなかったし、〝人並み〟の人生が手に入るとも思えませんでした。

人並みの人生が奇跡的に得られたとしても、自分のすさみきった心がそこに幸せを感じられるのかどうか、疑わしい限りでした。

「あと、どのくらい生きるのだろう?」「どんな死に方をするのだろう?」と、いつもそんなことばかりを漠然と考えていました。

こうなると、なんとか続けていた仕事もどんどん低調になり、信じられないようなミスを犯す回数が増えてきました。まともな社会人にはあってはならないレベルです。そのうえ欠勤も増えてきました。

こんな人間が〝会社員〟としてやっていけたのも、父が経営する不動産関係の会社に勤務していたからです。父にしても、こちらは十代のころからの半病人ですから、仕方なくという感じだったのでしょう。

父との葛藤は深刻で、一時期、私は父のことを心底憎んでいました。そんな私を口先では疎んじながらも、仕事をまかせて給料を与えてくれた父には、今では心より感謝しています。

また、父と同様に憎しみの対象となっていた祖父も、ときには父と衝突もする私の〝迷走〟を見守り、「そういうこともある。お前には人と違うところがある」とさまざまな援助をしてくれました。嘘偽りなく、私は祖父にも、祖母にも、母にも深く感謝しています。

自分を耐えがたい苦痛に追い込んだ肉親を心から許し、感謝できるようになったのは、マインドフルネスタッピングに出会ってからでした。

割腹自殺未遂

次から次へと辛いことや苦しいことが降りかかってくるわけですが、渦中にいた私は、荒波にもまれながらどんどん沖へと流されていくような感じでした。

私は本来楽天家なのですが、さすがに度重なる苦しみに耐えかねて、「もう人生を閉じてしまおう」と真剣に自殺を考えたことがあります。

うつ病に悩まされて弱り切っていた高校生のとき、二度ほど自殺を試みました。ただ、二度とも本気ではありませんでした。

狂言ではないのですが、まだ私には人生への未練があり、やり方も手ぬるかったのか、死に至ることはありませんでした。

しかし、三十代になると話が違います。そのとき私が試みた自殺は、〝楽に死ねる〟方法とはかけ離れたものです。割腹することでした。真剣の刀でお腹を割き、頸動脈を断ち切るという方法です。

自分の人生を呪うあまり、「自分のような人間は最大の苦痛の中で死ぬべきだ」と考えたのです。また江戸時代に、私の遠い先祖にあたる武士が、さることから切腹死を遂げたという事実も影響していました。

今の私ではとても決断できませんが、ドツボにはまった人間というのは実に信じがたいことをするものです。

そしてそれを実行した瞬間、私は衝撃のあまり気を失ってしまいました。

情けないともいえますが、あとで知りましたが、どうやらかつての武士の世界でもそういうことがままあったようです。そのため、背後から〝介錯〟で首を打ち落とすそうです。

ただ、今もって不思議なのは、私のお腹に傷が残らなかったことです。

刀の切っ先を突き刺すというより、体ごと叩き込むようにしたのに、毛ほどの傷も残らず、むしろそのあたりの皮膚が滑らかになったかのようでした。

私は何か神秘的なものを感じ、自分のような者が軽はずみにこういうことをしてはいけないのだと、妙に納得しました。

こうして書き綴っていると、自分でも「いくらなんでもそれはないだろう」と言いたくなるような不幸のスパイラルです。病苦を中心に、十代から骨身を削るような苦しみの人生が三十年以上続いたわけです。

もうこれ以上、不幸自慢をする気はないので、このくらいにとどめておきます。

脳梗塞と臨死体験

三十代の半ばになり、私は日に日に心身が衰弱し、生きる気力がなくなっていくことを実感していました。

そんなある日、歩いていると足がうまく運べなくなったので、病院で調べてみると脳梗塞が発見されました。

幸い後遺症はありませんでしたが、もはや風前の灯火というか、自殺を図らなくても死のほうから私を訪れたようです。

ある年の秋の午後です。たまたま自宅の部屋にいた私は急に激しいめまいに襲われました。それは治まることもなく、だんだんと全身の感覚が異様な感じで乱れていきます。そのうち体が硬直しはじめ、呼吸がうまくできなくなってきました。

初めて経験する激しい違和感に、直感的に、

「これは死ぬ……！」

そう思いました。

われながら妙に冷静だと思ったのは、それから死力を振り絞って、手近にあったノートにたどたどしい字で、乏しい資産の配分などを記した遺言を作成したことです。

そしてやっとの思いで携帯電話を操作し、もつれる舌で救急車を呼びました。

片足がほとんど動かなくなっていたので、玄関まで出るのも一苦労でした。屋外に出て塀にもたれていると、やがて救急車がやってきて、救命隊員が私の様子を見るなり他の人員を

呼び、私はすぐに数人の手で車内のベッドに横たえられました。

最初はいろいろな質問に答えていたのですが、隊員さんのひとりが、

「瞳孔が開いているし、痙攣が起こっている。これはこのまま病院に直行だ！」

と切迫した調子で言うと、すぐさま救急車はサイレンを鳴らして発進し、同時に私の全身の大きな血管に次々と点滴の針が打ち込まれていきました。

私は一度激しく嘔吐してから、全身がガチガチに固まっていくのを感じました。隊員さんの交わすほとんど叫び声になっている会話が、朦朧とする頭の中に響きます。

血圧が急上昇してから急下降しだしたこと、体温がどんどん下がっていること、呼吸と心拍数が減少し、力を失っていること……

そんなことを聞きながら、体の硬直が解けるとともに恐ろしい早さで全身の力が失われていき、凍てつくほどの寒さに覆われていきました。

何度にもわたり、ベッドの上で私の体がバウンドするほどの激しい電気ショックと、肋骨や胸骨が折れてしまうような強いマッサージが交互に施されました。

しかし、私は痛みも苦しみも感じませんでした。意識がいったん奈落まで下降していく感じがして、それからふわふわと浮かび上がり、急速に薄れ、消え入っていきました。体の感覚はもはやありません。

「ああ、死ぬのだな……」と思いました。

全身が硬直し、血圧が急上昇していたときに、何度か頭の中で頭痛というレベルをはるかに超えた、爆発とでも形容できるような衝撃を感じていたため、脳の大きな血管がいくつか切れて脳が壊れてしまったのだろう……と瞬時に思ったのを覚えています。

そのとき隊員さんたちの叫びが聞こえました。

「ダメだ！　病院まで持たない！」

「血圧20を切りました！」

「ああ、やむを得ないな……」

「カウント開始します！」

かすかな意識の中で「なんのカウントだろう？」といぶかりながら、「そうか、死亡時刻を定めるのだ……」そう気づいたのとほぼ同時に、「10！　9！　8！　7！……」とカウントダウンがはじまりました。

体は、もう寒さも強ばりも感じません。全身どこにも力が入りません。意識はかすかにしかありません。

その中で淡々と繰り広げられたのは、不本意な人生を送ったことに対する後悔のような思いでした。

「後悔のような」というのは、それがあまりにも淡く、静かな思いだったので、とても〝後悔〟と呼べるような、ある種の強度を持った感情ではなかったからです。

それでも五十年近くを生きながら、病苦に囚われて、自分の真価を発揮し得なかったことが不本意に思えたのはたしかです。

そして一瞬のうちに、自分が生まれ落ちたときにいただいていたものが、複眼的に垣間見えたのです。それは途方もないほどの多くの〝宝の山〟でした。

いいえ、宝の山になる〝種子〟とでもいうのでしょうか……いや、もっと輝かしく尊い〝何か〟です……。

どうやら、私はそれを仲間たちと分かち合いたかったらしい……。それなのに迷路にはまり込んで、そこから出ようともせず、「自分には何もない」と決めつけて勝手に絶望し、逃げ続けていたのです。

いったい何を恐れて、何を不満に思っていたのか……。なぜ、どうでもよい過ぎ去ったことをいつまでも根に持ち、自分をいじめ続けていたのか……。どうして自分の本心をたくみに隠し、何ごともあとまわしにして逃げ続けてきたのか……。やりたいこと、やるべきことはいつも目の前にあったのに……。

——しかし、もはや万事休す。私の脳はボロボロに壊れてしまったし、大きな血管がいろいろなところで損なわれてしまったにちがいない。これでおしまい――。

私は完全に意識を失いました。

「生還」後、環境改善に取り組む

ところが、私は病院のベッドで目を覚ましたのです。

まさか生き延びるとは思いませんでした。わけがわかりませんでした。壊れたと思った脳も、破れたと思われた血管も、どこもかしこも無事だったことが不思議でした。

医師の説明によると、「蓄積された心身のストレスのせいで、突発的な虚血症を起こした」ということです。

最近になって増加している症状らしく、適切なタイミングで適切な処置を受けないと非常に危険な状態だそうです。

私の場合は症状がかなり重かったので、あと少し救急車の到着が遅れたらおそらく助からなかったでしょう。

また、やはり私は一時的に心肺停止の状態に陥ったそうです。これも、あと少しその状態が続いていたら、主に脳に大きな障害が残るところでした。すんでのところで死を免れたのです。

意識を失ったあと、私はよくいわれるようなお花畑を見るとか、きれいな川を渡るという体験はしませんでした。

おそらく、当時の私は唯物主義というか無神論へ傾倒しており、ある種のニヒリズムに陥っていたからではないかと思われます。

長年の不幸続きの人生のため、私の心はささくれ立ち、索漠としたものになっていました。そこには神も仏も、ファンタジーのかけらもなかったのです。荒廃した心には荒廃した世界が与えられるのでしょうか。

おそらく、私は「神も仏もいない」という〝信仰〟を固く保っていたのでしょう。

しかし、このときの〝臨死体験〟と〝生還〟が私を変えたことはたしかです。

心身ともにかなりへばっていましたが、それにムチ打ってでも前向きに生きるようになりました。

やはり絶息の間際に感じた、あのうまく表現ができない異様な後悔の念は、もう二度と抱きたくないと思ったからです。

また、当時は関係が薄くなってはいましたが、ベッドのかたわらに来て、私が蘇生することを祈ってくれていたという母や弟（父はすでに他界していました）の姿が生き延びた私に強く印象づけられ、「なんとかやり直さなくてはならない」という思いにさせられたのです。

とはいえ、ちょっと前向きになったくらいで、心身を蝕んでいた病が急によくなったりはしませんし、私の置かれた状況がよくなるわけでもありません。

当時は不況が続いていたこともあって、父親の会社の核である不動産部門が行き詰まっていました。

私はもともとその方面の仕事にあまり適性がなく、別部門としてネットビジネスを立ち上げていました。小売業ですが、ごく小規模で開始した当初はそこそこ成果が上がったことから、輸入品の販売にも手を出したのですが、これが苦労続きでした。

ただ疲弊し、消耗するだけで、充実感や生きがいを覚えることもなく、ひたすら不毛な感じだけが広がるばかりだったのです。

頼れる友人や知人もいません。友人のふりをして近づいてくる人はいても、腹に一物ある拝金主義に徹した人物であるとか、転落する私の様子を観察して陰で喜んでいるような手合いでした。

少し物事がよいほうに運び出すと、すぐにそれを妨害する人が出てきます。また、私も彼らに容易に屈してしまうところがありました。

自分にムチ打って、気合いと根性を入れまくっていましたが、それがものすごく分のわるい戦いの中に自分を追い込んでしまうことになるとは、当時の私には知るよしもありません。

ネットビジネスはいつしか在庫の山を形成し、資産を減らすだけの徒労になっていましたが、店を畳む踏ん切りもつかなかったのです。

ところが臨死体験を経て、とにもかくにも「少しでも前向きに」と心が決まったため、自分を取り巻く環境を変えようと動きはじめたのです。

一歩一歩の前進にたいへんな労力を要しましたが、ネットビジネスを畳み、有害でしかない人間関係を次々と断っていきました。

中には修羅場じみた騒動もありましたが、全力を傾けて、なんとか遂行することができたのです。

重度の肥満とダイエット

私の長年の不運の要因の一つとなっているものに〝肥満〟があります。

一時期の私の体重は三桁に達していました。身長が一七六・五センチですから、かなりよろしくありません。体脂肪率も30％を優に超えていました。

もともと油断するとすぐ太る体質ではあったのですが、肝炎を発症した三十代のはじめあたりから、病的な太り方をするようになりました。

あまりにも太りすぎるとダイエットしますが、ある程度痩せるととたんにリバウンドします。その悪循環を繰り返しているうちに、どんどんと痩せにくい体質になっていきます。

そのうえ、実生活で不運や不幸が続くと人生に対して後ろ向きになり、いつしか「痩せよう」という気持ちも失われ、人からどう見られようとどうでもよくなってしまいます。

肥満は健康面でマイナスに働くのはもちろんですが、私にとってメンタル面にも多大な負担をかけていました。

たいていの人は、太ることによって容姿が損なわれます。別に自意識過剰ではなくても、太っていれば「自分の見た目はわるい」という思いがどこかにあります。

そのことが原因となって、さまざまな場面で二の足を踏むようになり、行動範囲も狭くなり、心の自由度が失われてしまうのです。自分で勝手にマイナス方向の思い込みを作り、可能性を摘んでしまうことが多くなるのです。

今の私から言えることは、「ダイエットはそれほど難しくはない」ということです。

奇をてらったことをせず、「食事に気をつけて、摂取カロリーを抑えつつ、三大栄養素をバランスよく摂り、適度の運動をする」という王道の方法を継続するだけで、脂肪も体重も相当落ちていきます。

山富先生と出会って、マインドフルネスタッピングで心を整えてからは、私は以上の方法で半年ほどで見違えるくらいに痩せました。

現在は痩せるだけではなく、体型や体質を変える「ボディメイク」に着手していますが、そこまではしなくても、不健康から脱するレベルで無理なく痩せるということであれば、タッピングはかなり気軽にできるメソッドといえるでしょう。

それまでの私は心の中に余計な感情が渦巻いていて、とにかく気が散るし、心身のエネルギーが枯渇しやすい状態でした。

すると、むやみにストレスを感じてドカ食いをしたり、「もういいや！」と開き直ったり、怪しげな方法に走って、よくわからないものを飲んだり食べたりするようになります。

実は私はそういうことを繰り返していたのですが、〝心のゴミ〟を掃除してからは、それまでの心の状態とはまったく変わってしまいました。

「それができれば苦労しないよ……」と思っていた、当たり前すぎる王道のダイエット法を淡々と継続できるようになり、みるみるうちに痩せていったのです。

「不可能」を「可能」にするマインドフルネスタッピング

〝心のゴミ〟とはなんでしょう？

それは、これまでの人生で蓄積された**マイナスの感情と思い込み**です。

これらを取り除いて捨ててしまうだけで、自分が「やろう」と決めたことが淡々と継続できるようになります。

〝どうしてもできなかった〟ことが〝できる〟ようになり、〝不可能〟にしか思えなかったことが〝可能〟になります。

身近な、ごくささいなことでも、それまでできなかったことができるようになり、それが積み重なっていったらどのようになるでしょう？

見違えるほど自分を取り巻く世界が好転していきます。

部屋の掃除一つとっても、自然にそれができるようになれば、数日もすれば部屋はすばらしくきれいになります。

もし、そこから掃除が好きになってほかの部屋も掃除するようになれば、〝きれい〟が広がっていきます。

実際の〝開運〟というのは、このような感じに無理なく、自然に自分から発していくものなのです。

のちほど詳しく述べていきますが、〝心のゴミ〟を減らしていくと、生まれ備わった能力が続々と開花していきます。

先ほどのダイエットを例にとりましょう。

なぜ、それまで続かなかったことが、無理なく継続できるようになったのでしょうか？

〝意志力〟が目を覚ましたからです。

意志力というと、腰が退けてしまう方もいらっしゃるかもしれません。

しかし、それは意志力について間違った観念が刷り込まれ、〝思い込み〟になっているからにすぎません。

意志力は誰にでも備わっています。過酷な修練を課して錬成するものでも、歯を食いしばって発揮するものでもありません。**当たり前のことを当たり前に、何気なくこなしてしまう力**とでもいえるものです。

そういう力を無闇に他人の力と比較するから、「自分は○○（他人の名が入ります）には及ばない」という劣等感を抱くクセがつき、普段でも使える力をいつのまにか自分で封印してしまうのです。

〝心のゴミ〟をなくしていくと、次々といろいろなことが腑に落ちるようになり、自分に生まれながらに備わっている能力が目覚め、自分の人生を自分で歩めるようになります。

では、どうすれば〝心のゴミ〟、すなわち蓄積されたマイナスの感情や思い込みを取り除くことができるのでしょうか？

そこで登場するのが、マインドフルネスタッピング（以後、ときにはタッピングと略して表記します）というメソッドです。

マインドフルネスタッピングはあっけないくらいに簡単で、しかも楽しいメソッドです。

私はこのメソッドに出会ってから、今まで述べてきたような数十年間にわたる暗黒時代を短期間のうちに脱することができました。

うつ病の症状と内臓疾患が消える

私は不運続きの人生に終止符を打ち、開運のきっかけを見つけようとしてさまざまなメソッドを学びました。

それは古今東西にわたる多くのジャンルのメソッドでしたが、残念ながら目的を果たすことはできませんでした。

今にして思えば、そのすべてに効果がなかったわけではなく、とてもすぐれたメソッドや指導者にもめぐり会っていました。

しかし、タイミングが合わなかったのか、ご縁の糸が結ばれてなかったのか、私にはうまくフィットしなかったようです。

「機が熟す」という言葉がありますが、機が熟していないときには、どれほどのご縁をいただいても思うように進まないものなのかもしれません。

不運・不幸・不調の真っ只中にいた当時の私は、そんなことに思いをめぐらせる余裕もなく、あれこれと思い悩んでは闇雲にさまざまなメソッドや指導者を渡り歩き、「またダメだった」「今度もうまくいかなかった」とますます挫折感や孤立感を深め、心身の状態も日常生活も苦しいものになるばかりでした。

ですので、初めてタッピングに触れたときも、ほとんど期待することができなかったわけです。「どうせ、またうまくいかないだろう。お金と時間を無駄にするだけだ……」と心の片隅で思い続けていました。

ところが、タッピングは効いたのです。それもすさまじく……。

それまでも即効性のあるメソッドをいくつか学んではいましたが、タッピングにはそれらには感じることのなかった、たしかなフィット感、手応えというべきものがあったのです。

「これは、ひょっとしたら、すごいものに出会ったのかもしれない……」

そう感じた私は、タッピングの世界にのめり込んでいきました。

タッピングは、月謝を取って教室で教えているものではなく、山富先生が開催される講座を受講します。

私はタッピングを受講してからわずか三カ月半で、三十数年間、何をしても決して快方に向かうことのなかったうつ病の症状が、ほとんど消えてしまったのです。

日常的に感じていた辛さ、重さ、急に訪れる気分の落ち込み、得体の知れない不安や漠然とした悲しみ、不眠、体にまとわりつく疲れなどが続々となくなっていきました。

そして、そうなってみて初めてわかる世界の美しさに驚嘆し、新たに生まれ変わったような気持ちにさえなったのです。

毎日、身も心も軽くなったことを体感し、視界が明るくなっていくのがわかりました。

そのうち、タッピングを行なうたびに体にくくりつけられていた見えない錘《おもり》のようなものが、次々と落ちて外れていくという感覚を物理的に感じるようになりました。

わずかな期間のうちに、私は今までとはまったく違うキラキラした世界に足を踏み入れることになったのです。

タッピングを開始して約三年が経過した今では、私には〝うつ〟の欠片も見当たりません。病院の医師からも、うつ病は完治したと伝えられています。

ただ、投薬の期間があまりにも長かったため、いきなり薬を止めた場合の反動を考慮して、ごく弱い薬を少量だけ飲んでいます。しかし、その薬も体が慣れてくればいらなくなります。

うつ病の劇的な回復に呼応するかのように内臓疾患も消えていきました。心と体が密接に関連している証明ともいえます。

まず、タッピング開始から四カ月ほどで膵炎が消えました。一時は死に至るとまで告げられていた病気でしたから、それが呆気なく消えたときはたいへんな喜びを感じました。

いつ起きるかわからない危険な発作を秘めている毎日が、どれほどプレッシャーになっていたのか、完治してみて初めて理解しました。

「こうなれば肝炎も消えるだろう……」

そんな確信も芽生えました。

なにしろ、これまで経験したことがないくらい心身が軽く、その爽快感を邪魔するような病魔が自分の中にいるとは、とても思えなくなっていたのです。

生命が躍動するような〝勢い〟を感じたのは、いつ以来でしょうか……とにかく力がどこからともなく湧いてくるのです。

肝炎とのつき合いは二十年ほどになりますが、膵炎のときと違って肝炎の検査をしたときは、「治っていないはずがない！」という確信に満ちていました。

案の定、タッピング開始からほぼ六カ月後、肝炎は跡形もなく消えていることが判明しました。

その流れに乗って私はダイエットにも取りかかりましたが、もはや難題でもなんでもなく、淡々とダイエットを行なうことができました。

その結果、ダイエット開始から半年で、ひどいときは三桁に達していた体重は20キロ以上落ち、30％を超えていた体脂肪も25％を切りました。

ただし、これはあくまでも私のケースです。体質や気質は人によってそれぞれ異なりますから、私のような極端な例は参考にはしても、目標にしたり、比べるものではありません。

また私の経験からいえば、体重や体脂肪はあまり気にしなくてもよいかもしれません。たとえば、家庭用の機器で測定される体脂肪率の〝いいかげんさ〟は相当なレベルです。

むしろ、あてにしてよいのは鏡や写真などでわかる〝見た感じ〟〝体感（主に健康な感じがあるかどうか――体の重さ、軽さ、すっきり感や充実感など）〟〝ウエスト周囲の数値〟、この三つだと個人的には思います。

発動する自然治癒力

タッピングの最大の特長は、先にも述べましたが、蓄積されたマイナスの感情や思い込みを取り除くことです。

心からマイナスの感情や思い込みを除去していくと、驚くほど多くの恩恵を得ることになるのですが、その一つが健康の回復です。

昔から「心身一如」といわれるように、心と体は密接に関わり合っています。

しかし、どこまで本当のことなのか疑わしい……そう思われる方も少なからずいらっしゃるでしょう。

かつては私もそのひとりでした。なぜなら、心と体がつながっているという実感が得られないからです。

なぜ、実感が得られないのでしょうか?

心がマイナスの感情や思い込みに覆われているからです。

マイナスの感情や思い込みが過多な状態では、心と体のつながりがとても弱くなります。

この弱さは生命力そのものの弱さにほかなりません。

マイナスの感情や思い込みを除去していくと、心と体のつながりが強くなっていき、つながりが自覚されるようになると生命力も強くなり、健康の問題はだいたいクリアされ、さらなる飛躍のステップに入っていきます。

さらなる飛躍とは、「生命力の昇華」「生命力の統合」とでも呼ぶべき段階のことですが、今回は詳しくは述べません。

ともあれ、いま述べた心と体のつながりが自覚されていくプロセスが、いわゆる〝自然治癒力〟のスムーズな発動が取り戻されていくプロセスなのです。

人間に秘められた自然治癒力の働きはよく知られています。

体が外傷を負ったり、病気に罹ったりしても、あらかじめ備わった自然治癒力なしには回復できません。

いくら高度な外科手術やすぐれた薬品の効力があっても、自然治癒力が働かなければ治らないのです。

ところが昨今は、加齢などの避けられない事情以外を原因として、免疫力を含め自然治癒力がはなはだしく弱まっているケースが多くなっているようです。

以前の私がまさにそうで、心と体がバラバラなまま、さらに〝薬漬け〟となって、かろうじて生きているような状態になっていました。

また、自然治癒力を甦らせようとするあまり、極端な自然食や断食、過激に心身を消耗させるような宗教的な行法などを追い求めると、心身のバランスを余計に崩して深刻な事態に陥る場合があります。

極端で過激な方法というのは、人によって〝合う・合わない〟がはっきりと出ます。自分に合わなかったときは、強引に取り入れただけにダメージがきつくなるのです。

どうしてもこのような方法に頼らざるを得ないという特殊な場合は、経験と実績を十分に積んだ責任感のある指導者の指導に従いながら、慎重に行なっていくほかはありませんが、かなりリスキーでもあります。

しかし、タッピングでは簡単にできるのです。

繰り返しになりますが、タッピングでマイナスの感情や思い込みを除去し、本来の心を取り戻す——この作業が、自然治癒力を発動させる手軽な方法なのです。

ただし、マインドフルネスタッピングは医療行為ではありません。

自然治癒力の発動も、タッピングの効果として確認された現象の一つにすぎませんし、マインドフルネスタッピングのメソッドの目的ではありません。

タッピングのメソッドによって難病が必ず平癒したり、延命効果が確実に出るという保証はありません。

ウイルス性の重い症状や深刻な外傷等、緊急の措置が必要な場合はただちに病院に行って専門家の診断を仰ぐなど、常識的な判断をお願いいたします。

本当の能力開発のメソッド

タッピングを行なっていると、先の自然治癒力だけではなく〝直感〟も冴えてきます。インスピレーションを受け取る機会が増え、第六感が働くなど、文明社会の生活に慣れ親しんだ代償として眠らされてきた本能や感性が目覚めてきます。

タッピングは、心身をハードに鍛え上げたりするものではありませんし、人里を離れるなど特殊な環境を必要とするメソッドでもありません。また、みんなで一つの目的を目指すという決まりもありません。

あくまでも自分の幸せを実現させるため、日常生活に寄り沿って淡々と行なうものなので、心身に負担をかけることがありません。社会生活をしながら、その人なりのペースで習得できるメソッドです。

勘が冴えわたる、たびたびシンクロニシティーに出会う、まるで選んだように幸運の方向に進む、探し物の場所がわかる、長年の辛苦の根本原因が一瞬にして把握でき、即座に解決できる……タッピングを行なっている方々からは、こうした体験が報告されていますが、これらは序の口です。

ただ、当人に備わっている能力が開花しはじめた証しにすぎません。

多少、空恐ろしく感じる方もいらっしゃるかもしれませんが、どうやら人間というのは誰もが途方もない力を秘めているようです。

よく「人は弱いものだから……」と言われますが、実はそうでもありません。

たしかに人の命ははかないものですが、自分が本当にやりたいことを見つけ出し、悔いが残らないところまでやるくらいは十分にできます。

たとえ途中で心が折れるような思いをしても、何度も立ち上がって進むだけの力が人には備わっています。

ただ、その力を忘れてしまっているだけなのです。

マインドフルネスタッピングとは、その人を〝本当〟の姿に戻していくメソッドであり、それ以上でも以下でもありません。

私は、それが〝能力開発〟というものだと思います。

日常生活は「宝の山」

普段、私たちが過ごしている日常生活の中には、貴重なヒントが〝てんこ盛り〟です。「人は自分の鏡」とよく言われますが、世界すべてが自分の鏡です。

もし、何かの答えを探していたり、漠然と気になっていることがあれば、そのヒントや答えは日常生活の中にさりげなく最高の形で潜んでいます。

そして、自分の意識が内面に向かっている状態であれば、それらを外側の世界で見つけられるようになります。

意識が内面に向かうといっても、心の内側に引き籠もってしまうなど、頭の中の妄想に囚われることではありません。

本来、意識（心）は一つにまとまっているものです。しかし、きっちりしたものではなく、外界の影響を受けてさまざまに形を変えて動きます。

そのうちゴミやキズが入り込んで、心のあちらこちらに隙間を作り上げると、まとまっている意識（心）が散らばり、かろうじてまとまりを保っているような危うい状態になってしまいます。

よく「精神を統一する」と言いますが、心の状態をもとの一つのまとまりに戻して、意識の働きを取り戻したいからです。

意識（心）が散らばってしまうと、その一部が内側に引き籠もって隠れようとしたり、ほかの一部が妄想を追いかけたりします。

すると、いきなりネガティブな感情に支配され、ついわるだくみをするなど、何かに魅入られたかのように〝バカ〟な真似をする場合があります。

その原因を作ったゴミやキズの多くが、それまでの人生で積み重ねた怒りや悲しみ、恐れ、不安などのマイナスの感情や、いつの間にか形成されていた思い込みです。

ですから、ときどき思い出されるそうしたイヤなゴミを取り除いていけば、キズは治ります。ほかに特別なことをしなくても、散らばっていた意識（心）の断片はおのずと集結してくれるのです。

タッピングを行なえば、かなり早い段階で散らばっていた意識（心）が一つにまとまってきます。

もちろん個人差はありますが、それは才能の違いでも努力の差でもありません。単に人それぞれに人生のテーマが違うからです。それだけです。

心がもと通りにまとまってくると自然と体がゆるんできて、お腹やハートのあたりにやさしい温かみを感じるようになります。そのとき、忘れていた幸せが戻ってきたことを味わえるでしょう。

このような状況が、「エネルギーのルートが通る・整う」「エネルギーの流れが回復する」ということです。

そして、それまでの〝外界の世界〟が急に美しいものに満ちていることに気づき、本当の意味で「エネルギーのよい場所・わるい場所」の見分けもつくようになります。

さらには現実世界や日常生活の中で、さまざまなヒントが散りばめられていることが理解できるのです。

何やら大仰なことを言ってるように思われるかもしれませんが、苦しい思いをすることもなく、短期間（基本的に一年以内）にこのような段階までは習得できますし、誰もが確実にその素質を備えているので、自慢したり誇る必要もありません。

さあ、それでは第一章から、本格的にマインドフルネスタッピングの世界へとご案内いたしましょう。

第一章

マインドフルネスタッピングの世界観

マイナスの感情と思い込み

私は、マインドフルネスタッピング®の創始者である山富浩司先生が主宰する『イーモアマインドクリエーション協会』のインストラクター資格をいただいています。

「人生をよりよく、幸せに生きよう」ということで、「いいものを、もっと」が「イーモア」という名称になっています。

タッピングの大きな狙いの一つは、その人の持つ本来のエネルギーをできる限り活かすことです。

本来のエネルギーは、こわばった体や心からはなかなか生まれませんので、〝ゆるむ〟ことが大切になってきます。

とはいえ、ゆるみすぎてすっかり力が抜けた状態は、あまりにも無防備で不自然な状態ですから、私たちはお勧めしていません（ときには〝あり〟かもしれませんが）。

少しずつ、自然に、適度にゆるんで、最後に笑顔があふれ出てくる――マインドフルネスタッピングの一回目の講座やセッションでは、このような状態になるでしょう。

第二部の「実践編」で詳しくお伝えしますが、マインドフルネスタッピングは、**肉体上の特定のポイント（経穴・ツボ）を指先で軽く叩くことでエネルギーの流れを整え、心に蓄積しているマイナスの感情や思い込みを取り除いていきます。**

「え？　それだけ？」と疑いたくなるくらいにシンプルですが、それだけなのです。

タッピングのメソッドを使えば、さほどの労力もかけず、短時間で〝思い込み〟に対処できます。

対処とは、「**マイナスの方向に向かう思い込みを無害なものにする**」、または「**プラスの方向に向かう思考回路にシフトチェンジさせる**」ということです。

そのためには、「**心の奥に隠されている、自分が気づいていない思い込みを見つけ出す**」ことも対処の一つとして重要です。

タッピングは、心にわだかまっているモヤモヤした感情（怒り、恐怖、辛い、苦しい、さみしい、など）を次々に取り除き、捨てていきます。

心の中のモヤモヤした感情はなんらかの〝思い〟を作っていることが多く、それを種《たね》にした後ろ向きの考えができ上がっているものです（私は運がないから何をやってもダメだ、私は誰からも愛されない、私はひとりぼっちだ、など）。

そうした後ろ向きの考え（思い込み）を下支えしているモヤモヤした感情を取り除くわけです。このモヤモヤした感情がマイナスの感情であり、タチのわるい思い込みの土台や基盤になっていると思ってください。

人を突き動かしているのは感情です。その人を束縛している強力に見える思い込みも、根底にあるマイナスの感情を取り払ってしまうと、途端に、束縛していた力を失ってしまい、単なる文字列レベルに変化し、早急に忘れ去られていくことになるのです。

そうなると、消えてしまったマイナスの感情の空白の部分には、興味深いことに〝プラスの方向に向かう感情〟が芽生えてきて、バランスがとられるのです。

プラスの方向に向かう感情は、はじめのうちは小さいものですが、積み重なっていくと大きなものになります。

すると今度は新しいプラスの方向の感情を土台にして、前向きな思考回路が作り上げられていきます。

このようにして〝心のゴミ〟ともいえるマイナスの感情や思い込みが取り除かれると、心はのびのびと羽を伸ばせるようになります。閉じ込められていたエネルギーが自由を得て、広がっていくのです。

そして、大きく変化したエネルギーに対応して体も変わっていきます。

まず、「アストラル・ボディ」といわれる軽妙な〝目に見えない体〟が変わります。次に〝目に見える体〟である三次元の肉体が変わります。

いわゆる「エネルギーが通る」「エネルギーが巡る」という現象です。

難しいことを言っているように思われる方もいらっしゃるかもしれませんが、実際はほんの数分ででき上がってしまうことです。

そして、その体験は本当に気持ちがよいものです。〝癒やし〟が体感されるからです。

〝癒やし〟が深まっていき、心身のエネルギーが回復するにつれて、今まで忘れてしまっていたことを思い出すという現象も起きてきます。

つまり、自分が生まれ落ちたときに備わっていた、自分の才能や能力、世界観などをすべて思い出すのです。

山富先生は、このことを「赤ちゃんマインドに戻る」と表現しています。

素直さと自然に還《かえ》る

タッピングを続けていくと、〝**自己受容**〟や〝**自己肯定感**〟が高まります。どんどん自分のことが好きになっていくのです。

「いや、私は欠点ばかりの人間だから……」と言う方でも、その欠点さえも受け入れて、「私には、こういうところがあるのです」と笑って言えるようになってきます。

なぜでしょうか？

〝**素直**〟になるからです。

素直な状態というのは、エネルギーの流れがとてもきれいです。心のエネルギーだけではなく、体のエネルギーも自然に流れて循環している状態です。

本来はそうあるべきなのですが、本来の状態をおかしくしているもの、つまり水が流れているパイプにいつの間にか詰まり出したゴミのようなもの――それを〝マイナスの感情や思い込み〟ととらえます。

タッピングでマイナスの感情を取り除いて〝思い〟を正すと、エネルギーの流れがもと通りになって素直な状態に戻ります。

素直になっていくと物事の受け止め方が変わってきます。目に映るものや耳に入るものなど、感覚が受け取るものが新鮮に感じられるようになるのです。

別に感覚が進化したり発達したわけではなく、もともとその人に備わっていた感覚に戻っただけです。

私たちは、目、耳、鼻など、生まれつき備わった器官を素直に働かせることを、人生のかなり初期の段階で忘れてしまうようです。

しかし、それはもとに戻ります。

しかも、脳を発達させた大人になってから改めてそういう状態を手に入れると、子どものときにはまだなかった高いレベルの洞察力にもつながるため、さらなる的確な判断が見込めるようになります。

書籍で得る情報であれ、人間関係の中から読み取る情報であれ、自然界の微妙な移り変わりであれ、いわば〝行間〟を察知することができるようになるのです。

実際、表面的には開示されていない行間の部分の情報量は膨大で、そこにこそ〝本質〟が眠っていると言っても過言ではありません。

よく大人になってからの習いごとはなかなか上達しないといわれますが、それはその人が成長する過程で身につけてきた、さまざまなマイナスの感情や思い込みによる〝思考のクセ〟という色眼鏡を幾重にもかけるようになったからです。

子どものころの素直さから離れてしまった大人の心と体は、習いごとをしてもその〝教え〟をそのまま受け止めることが難しくなります。

しかもやっかいなことに、教えのレベルが高くなればなるほど、素直でなければ受け止めることはできません。

ところが、改めて心身のエネルギー状態が初々しいころのように自然なものになっていると、レベルの高い師匠の教えが〝転写〟されるということも起きます。逆に、レベルが低い教えの場合は違和感を覚えるので、離れることも可能になります。

本格的な習いごとではなくても、たとえばクラブ活動やサークルの練習などでも、素直になることによって以前には見えてなかった気づきや発見が多くなり、飲み込みも早まり、楽しさや興味も増すでしょう。

さらには今、自分が取り組んでいる〝ジャンル〟に適性があるかどうかもわかるようになります。素直になると〝勘の働き〟も鋭くなるため、まったく向いていないジャンルやグループに参加することはなくなります。

逆に、「これを身につけたい！」という直感が働いたときは、腰を据えて驚くほどの〝粘り〟

を発揮できるようになります。

自分の〝本気〟が自然と出せるようになって、継続することができるからです。そして、本気の度合いや限界域などが伸びていきます。

特に〝根性〟や〝気合い〟といったものを出す必要もなくなってくるし、以前は遠慮がちだったり、主張できなかった場面でも、自分の意志で〝前に出る〟ことが可能になってきます。

以上のように、タッピングでは〝**自然な状態**〟に戻ることを大切にしています。

タッピングのメソッドを身につけていくと、どんどん〝**自然体**〟に近づいている自分に気づかれることでしょう。

自分の「絶対領域」に入る

よくトップ・アスリートやエリート・エグゼクティブたちが、「ゾーンに入る」と言うのを耳にします。

「ゾーンに入る」とは、自分の心身が最大・最高のパフォーマンスを行なっている状態、まるで〝神懸かった〟かのように時間が消滅した状態、何にも邪魔されずに〝透明な空間〟をフルスピードで疾走しているような状態、しかも、それでいて全方位的に意識が行き届いている状態……そんなイメージでしょうか。

私はそれを「**絶対領域**」と呼んでいます。

以前の私は、仮にそんな状態があるとしても、そこに至るにはたいへんな努力や才能を必要とするだろうし、気が遠くなるような長期間にわたり、過酷な修練を積み重ねなくてはならないだろうと思っていました。

ところが、マインドフルネスタッピングを受講してから約一年後、かつて自分とはまったく関係のない世界だと思っていた「絶対領域」をたびたび体験するようになったのです。

最初は「なんか変だな……??」という感じでしたが、とにかく気持ちがよいし、仕事でもなんでもものすごくはかどるのです。

そうなると、以前では考えられなかった成果を出せるようになり、おかげさまで大ピンチだった経済状態も一気に好転しはじめました。

そしてよくわかったのですが、「ゾーン」というのは別にトップ・アスリートやエリート・エグゼクティブの独占物ではなく、単に**本人が本来持っている力が過不足なく引き出されているる**というだけだったのです。

つまり、学生ならその学生なりの、主婦ならその主婦なりの「ゾーン」や「絶対領域」というものがあり、積み重ねたマイナスの感情や思い込みを捨てて心のクリーニングをしていけば、誰でもその領域に入れるようです。

車を運転して前に進もうとするとき、アクセルとブレーキを一緒に踏んではいけません。あるいはサイド・ブレーキをかけたままアクセルを踏み込んでも、前に進まないばかりか車が壊れてしまいます。

心に蓄積されたマイナスの感情や思い込みは、いわばこのときのブレーキやサイド・ブレーキに当たります。必要なものですが、前に進みたいときに働いてもらっては困るのです。

車の場合は、途中で気づいてブレーキから足を離したり、サイド・ブレーキを解除すれば、車は本来のポテンシャル通りに走ってくれます。

ところが人間の場合は、仮に途中で気づいたとしても、マイナスの感情や思い込みをどのようにして解除すればよいのか、どのようにしたら消し去ることができるのか、その簡単な方法がわからないわけです。

もちろん、「心のゴミを取る」「心をきれいにする」として、たとえば早朝に雑巾がけをする、トイレ掃除をする、さらには水垢離をして身を浄める……など、いろいろな精神修養の方法が伝えられています。

実際、そのようなことを日課にすることによって、開運につながったり、心身が丈夫になって鍛えられるなどの効果があります。

ただ、なかなか継続することが難しかったり、無理をしたり、間違ったやり方で行なったりすると、あまりよい結果にはなりません。そもそも、そのような手間も時間もかかる仕事を習慣化するのはかなりの負担です。

その点、タッピングは無理なく、継続して、誰にでも行なうことができるシンプルなメソッドなのです。

心身と脳のバランスをとる

「心と体を休めたい……」

誰でも、ふとそう思うことがあると思います。かつての私は、毎日のようにそう願っていました。ところが休めないのです。

いいえ、正確にいうと、どれだけ休んでも疲れが抜けないのです。それどころか、休みの期間を作ったためにかえって疲労感が激しくなるのです。

そもそも「ボーッとしたい……」と思っても、ボーッとする方法がわかりません。

それならば逆に「体を動かしてみよう！」とスポーツをしても、全然楽しくありません。

私の場合、〝気のおけない友人〟という存在がありませんでしたから、腹を割って話す相手もいません。たとえいたとしても、やはり疲労感は抜けなかっただろうと思います。

最近の〝マインドフルネス系〟の言説では、そういう疲労は肉体ではなく「脳」が原因とされています。

しかし私の経験では、疲労の原因をいきなり脳疲労に持っていく前に、まずは肝臓や腎臓など主要な臓器の蓄積疲労を考えるべきです。

日ごろの生活習慣で無理を重ねていると、「肝腎要《かんじんかなめ》」の肝臓・腎臓にかなりの負担がかかっている場合がとても多いからです。

しかし、病院で検査を受けてもどこもわるくないという場合もあります。それでも、まだ脳疲労のせいにはしないでください。

検査では引っかからなくても、肝臓や腎臓が悲鳴を上げていて、いずれはなんらかの疾病の形で〝清算〟しようとしている状態の可能性もあるからです。

これは数値的にはまだ病気と認められない「未病」という状態であり、れっきとした病気なのです。

未病は以前からある概念で、最近はようやく認められて専門医もクリニックもありますが、まだまだ広く認知されるにはいたっておりません。

もし未病の状態だとすれば。専門医にも診せず、生活習慣も改めないまま脳疲労のせいにして、マインドフルネスのメソッドに託してしまうことはあまりにも危険です。その点だけはご注意ください。

マインドフルネスタッピングのメソッドでは、脳疲労への対処をどう考えるのでしょうか？

一つは、「頭をからっぽにする」「思考を止める」、つまり「感覚の世界に参入する」ことになります。

よく「頭でっかち」と言います。

どちらかといえば否定的な使われ方をされますが、行動する前にあれこれと知識や情報、理屈で頭がいっぱいになっている状態のことです。

つまり、論理を司るとされる「左脳」が優位になっている状態ですが、感覚の世界に参入することは、イメージ主体の「右脳」を優位にするということです。

右脳を優位にするといっても、極端な場合は右脳が暴走して危険ですので、要は右脳の感覚的な世界が開けて、左右の脳のバランスがとれればよいのです。

そうして「頭でっかち」の世界から抜け出して〝生きやすく〟なり、疲れもとれるのです。

自分のペースで進められるメソッド

これまでイメージ脳と呼ばれる右脳を目覚めさせるために、図形やシンボルを用いた意識操作のほか、さまざまなメソッドが試されてきました。

そして結局のところ行き着いた先は、「肉体感覚を甦らせる」「身体感覚を研ぎすます」という〝感覚〟に参入することです。

スポーツの世界でもレベルの高いアスリートたちは、「体に軸を作る」「仙骨を操作する」など肉体に架空のポイントを設定して、肉体の一部の動きに意識を集中するメソッドを開発しています。「丹田《たんでん》」や「グラウンディング」もその一つです（一四〇頁参照）。

一般的なマインドフルネス系でも、「瞑想して自分の呼吸を数える」「歩くとき、自分の足の裏が地面に触れたり、踏みしめたり、離れたりする感覚に集中する」など、意識を感覚に結びつける方法があります。

つまり、なんらかの対象に意識を集中させて、左脳（思考）の働きを抑制し、右脳（感覚）を呼び覚ますことが可能になるということです。

しかし注意すべきことは、メソッドの難易度を上げれば上げるほどリスクが大きくなるということです。

あらゆるトレーニングがそうですが、簡単なことから〝少しずつ進める〟ことが必要です。最初から高度なメソッドに飛びついて無理をすると危険です。

ウエイトトレーニングの初心者が、いきなり三〇〇キロのバーベルを上げれば大惨事になるように、いわゆる〝行法〟の類いは興味本位で行なわないことです。

たとえば、通常のマインドフルネス系で勧める「自分の呼吸を数える瞑想」があります。古来より禅宗に伝わる「数息観」とほぼ同じで、姿勢を正し、リラックスした状態で目をつむり、自分の呼吸の数を数えていくというものです。

たいていの場合、「吐く・吸う」を一回とカウントして、十まで数えたらまた一に戻ります。それをただ繰り返します。

何回続けるのか、どのくらいの時間続けるのかはいろいろありますが、マニュアルに「毎日五分でよい」と書いてあっても、呼吸に五分間集中することはけっこう難しいと思います。きちんと姿勢を正して座っているだけでも辛い人は辛いでしょう。

物事を習慣化するためには、どうしても最初は辛さを乗り越えなくてはならないという考えがありますが、私はあまり賛成しません。

人間はかなり怠惰にできていますし、無理に奮起して、わざわざ自分に負荷をかける必要がどこまであるのか疑問に思います。

そういうやり方は、スピリチュアルな世界においても、エリートだけがもてはやされるような風潮を助長することにもなりかねません。

持って生まれた精神の力を普通に、そのまま出せば事足りるのではないでしょうか。

また五分間集中するにしても、その人にマイナスの感情や思い込みが溜まっているぶん、〝雑念〟が出てきます。

雑念は、少しでも集中しようとしたり、普段とは違うモードに入ろうとすると、途端に妄想やフラッシュバックをともなって発動します。

意を決して五分間座っても、呼吸に集中しているうちにイヤなことを思い出して、イライラしたり、ムシャクシャしたり……ということがよく起こります。

これらのことは、タッピングをすることで解決できるのです。タッピングで雑念はてきめんに減り、五分間くらいは楽に集中することができます。

また、タッピングは一生かけて行なう〝行法〟や〝ワーク〟ではなく、単なる「ツール」なので習慣化する必要もありません。必要なときに必要なだけ行なえばよいのです。

とはいえ、タッピングで心の曇りが晴れていくことはなかなか気持ちがよいため、習慣のように続けられるし、けっこう〝一生もの〟ともいえるかもしれません。少なくとも、さまざまな習いごとの基礎になることはできるでしょう。

あと、右脳の開発を〝少しずつ進める〟ということですが、イーモアマインドクリエーション協会としては、まずはタッピングを行なっていただき、その後、希望があればリミットブレイクマスターやエネルギーマイスターへと進みます（二〇六頁参照）。

イーモアマインドクリエーション協会のメソッドではなく、ほかのメソッドでもまったく問題ありませんが、最初は自分の内面を見つめる系統のものがよいと思います。

雑念に惑わされにくくなったところで、外へと散乱していた意識（心）を内面に向ける作業に入るという流れです。

タッピングの利点の一つは、自分のペースで進められることです。自分に合った形で自分の能力を〝伸ばす〟ことができるのです。

スピリチュアル系のメソッドではよくありがちなのですが、師匠や先輩、あるいは講師、リーダー、インストラクターなど上位の人の意見に左右されて、心身が翻弄され、支出も増えていく……ということがありません。

タッピングによって右脳開発を〝少しずつ進める〟というやり方は、その人なりにその人の感覚の世界が開けていくでしょう。

バランスとリラックスの効能

現代社会で生きていく私たちは、どうしても左脳を優位にせざるを得ず、いつの間にか感覚の世界を忘れてしまったかのようです。

しかし、生来より人に備わっているものですから、それをどこかで思い出そうとして（バランスをとろうとして）、図らずも奔放なセックスやドラッグ、あるいは暴力の世界に惹きつけられる人たちもいるようです。

また、そうした極端な形で感覚を呼び覚まそうとする情報や商品もあります。

あまり込み入った話をするつもりはありませんが、大事なことは、無理なく自然な形で「**自分のバランスを自分で整えていく**」ことです。

つまり、自分のペースを大切にするということです。そのうちに自分の個性が見えてきて、「バランスの取り方」や「整える力」が向上します。

左脳と右脳の働きのバランスがとれて感覚が開けると、直感とか第六感というものが冴えてきます。

ときには〝予知〟ともいえる現象に出会うこともあります。また、洞察力や感知力のような能力も伸びます。ある種の波動を感知する能力です。

その能力のおかげで未然に難を逃れるといったことも増えるでしょう。それはあとで振り返ったときに、「あのときは、いつの間にか危険を回避していた……」という驚きをもって体験されます。

しかし、それらはバランスがとれている結果として生じることなので、いきなり予知能力を追い求めたりすると不思議と発現しなくなります。

人に生まれつき備わった本来の能力が、健全に、自然に発揮されるときの前提は〝リラックス〟です。つまり適度に〝ゆるんでいる〟ことが条件になります。

逆にゆるんでいないのに、何かしらの能力が発現している場合は病的なことかもしれません。どこかに無理や負荷がかかっています。

左脳的な世界は〝緊張〟や〝こわばり〟と強く結びついています。現代が「ストレス社会」といわれているることも、そこに関係があるのでしょう。

しかし、「では、リラックスしよう」とマッサージをしたり、リラクゼーションのテクニックを駆使しても一時的な対症療法にしかならず、体の芯からゆるむことは難しいものです。

そこで心にフォーカスし、過去のさまざまなしがらみなどを捨てていくと自然に感覚が開けて、右脳が目覚め、バランスがとれ、リラックスが生まれてきます。

心のこわばりと体のこわばりは密接につながってますので、肉体だけにアプローチする手法ではなかなか深層部までほぐすことはできません。

心を扱うとなると、これまでのメソッドでは精神的なダメージをともなう危険性や、多くの時間と労力を必要としましたが、今では普通に社会生活を送りながらリラックスする方法が安全にもたらされるようになりました。

マインドフルネスタッピングは、その一つとして最適なメソッドといえるでしょう。

コラム

「絶対領域」と「パラレル・ワールド」

「パラレル・ワールド」という概念は、いくつもの世界が同時並行で進行しており、人はその中から絶えず何か一つの世界を選択して生きているという考え方です。

昔はSF小説や映画でよく扱われていましたが、今では「マルチバース理論」など、最先端の物理科学のトピックにもなっています。

実際にその通りだとすると、無数に存在する未来の中から、なるべく自分にとって〝最高の未来〟を選択したくなるのが人情ではないでしょうか。

そのためにはどうすればよいのか……？

「絶対領域」に入ることが大きな手がかりになります。

「絶対領域」を体験するとわかりますが、まず〝時間感覚〟が消えます。

そして量子力学で説かれているような、「絶対的な時間というものは存在しない」「時間は一種の観念である」ということが理解できます。

時間感覚が消えるとイマジネーションが奔放に湧いてきます。

それは普段の妄想のようなものとは異なり、個人差はあるでしょうが、立体的であり、ちょっとした質感があるような生々しいものです。

そうしたイマジネーションは自由度が高く、空間的な制限が消えて広がり方も大きくなります。

そういう領域に入ったとき、自分の目指している目標や、そこに至るまでの道のりなどをイメージすると、ほぼイメージ通りに物事が運ぶという体験をします。

しかも、そのイメージはごく自然に最善の形で浮かんできますので、強引な設定をする必要がありません。

どうすればどうなるのか、どこに行けるのかなどが、あらかじめ自分でわかっているという〝予知〟のような感覚があります。

これは、未来に無数に存在している「パラレル・ワールド」の中から、自分にとって最適解の未来を選択し、そこに到達していくということかもしれません。

どのようにして、最適解・最高の未来が自然に選択されるのでしょうか？

おそらく〝体〟が知っているのだと思います。

〝体の領域〟とは一種のブラックボックスのようなものです。

私は「絶対領域」体験を繰り返すうちに、実は細胞の一つひとつが脳や意識があるミクロの人体ではないのかと、ときおり妄想することがあります。

それはさておき、体を最適に機能させるには、気分に左右されたり、あれこれと余計なことを考えたりする〝頭〟を休ませなければなりません。

そのためにも、マインドフルネスタッピングのメソッドを有効活用して、マイナスの感情や思い込みを取り除いていきましょう。

第二章

マインドフルネスタッピングとスピリチュアル

エネルギー・フィールドの修復

私はタッピングに取り組んでいるうちに、自分だけではなく、人が発しているエネルギーや波動の質をかなり精密に感じ取れるようになりました。

タッピングによって開花する能力は人によってさまざまですが、それはその人の〝個性〟ということです。

人間が放っているエネルギー・フィールドには複雑な様相があるようです。

私は長い間、うつ病に苦しんでいましたが、その時期の私のエネルギー・フィールドは細い草木よりも小さく、弱々しいものだったと思います。

その後、タッピングによる心のクリーニングによってうつ病は劇的に快復しますが、その過程における体感として、「体の中の大きなしこりが壊れ、そこからきれいなエネルギーが大きく広がっていく」というものがありました。

その背景には、前章で述べたように、あちこちに散らばっていた意識（心）が、もとに戻ってまとまってくるという現象が起こっていたはずです。

ですので、先ほどの「きれいなエネルギーが大きく広がっていく」という体感も、特にエネルギーが巨大化したわけではなく、もとの大きさに戻っていったということです。

つまり人間のエネルギー・フィールドは、本来はとても大きなものだということでしょう。

ところが、人は生きていく過程で否応なしにさまざまな出来事に遭遇し、心が傷ついたり、汚れたりします。

そのつど自分で修復していくことができればよいのですが、何度も繰り返さざるを得ない環境にいると心が疲れ果ててしまい、エネルギー・フィールドがいびつなものになっていきます。

しかし、淡々とタッピングで心の掃除を進めていけば、ゴミやヨゴレ、キズは消えていくので、エネルギー・フィールドは当たり前のように健全な状態に戻ります。

そこからさらなる〝高み〟に進みたい人は、その人なりの精進があるかもしれませんが、イーモアマインドクリエーション協会でご提供できることは、マイナスの感情や思い込みを除去するメソッドをお伝えするまでです。

あとはもう、それぞれの方がご自分の人生のテーマに取り組んでいけばよいのです。

余談になりますが、私は自分を癒やすだけではなく、対面セッションなどで相手の人を癒やすお手伝いもしています。

その経験からわかったことは、他人に傷つけられた経験よりも、実は〝自分で自分を傷つけた体験〟のほうが深刻だということです。

しかし科学では証明されていませんが、心にはいわば〝核〟に当たるようなものがあって、自分でもあり自分ではないといえるものですが、それでも「自分の本体」であるという、ちょっとややこしい存在です。

そして、この部分は決して傷ついたり、汚れたりすることはありません。変化することもなく、消滅することもなく、ある意味無敵です。

ですので、その核にたどり着けるだけの気づきや認識があれば、心のほかの部分は〝甦る〟ことが可能なのです。

できれば、心に手ひどい傷を受けるような人生は送りたくないものですが、自分の「本体」

はとても強く、尊いということは知っておいてください。

神様、悪霊、生き霊

タッピングを慣行しているうちに、私は神社が大好きになりました。

不信心だったわけではありませんが、神社は「なんとなく怖い」というイメージがあって苦手でした。まず祀られている神様が怖いし、神社に集うとされる不浄霊も怖い……。知識不足のせいもありましたが、自分が敏感な体質であることがわかっていたので、怖いという〝思い込み〟があったのです。

もし、同じような不安を持っている方がいらっしゃるとすればお伝えしたいのですが、神社に祀られている神様は、こちらが敬う心や謙虚な心を持っていれば、まったく怖いことはありません。むしろ、人が参詣することを楽しみにしている神様が多いようです。

また不浄霊ですが、たしかに神社仏閣にはそういう類いのものが集まりやすいものの、よほどの邪心の持ち主ではない限り大丈夫です。ただ、夜間はそういうものの密度が濃くなるので参拝は控えたほうがよいでしょう。

また、自分に合う神社と合わない神社というのがあります。行けばすぐにわかります。いくら御利益が魅力的でも、自分に合わない神社には行かないほうが無難です。

タッピングで心の掃除をしていくと、そういうことが自然と体感でわかるようになります。心の中に溜め込んだ余計なものを捨てるだけで、熱湯を熱いと感じるのと同じ感覚で、「あ、この神社は自分に合ってないな……」とか、「なんだかわるいもの集まっているな……」とピンとくるようになります。

「不浄霊や悪霊の存在もわかるの？」と驚かれるかもしれませんが、すぐにわかります。たとえば街を歩いていて、向こうから下品な装いで目を怒らせ、暴力的な雰囲気を発散させている男の集団が歩いてくれば、ほとんどの人は避けるでしょう。また、そういう連中がたむろするような場所にも、普通の神経をしていれば行かないはずです。

これと同じことなのです。

「見える・見えない」という違いはありますが、〝視覚〟も感覚であるように、〝感じる〟ことも同じ感覚です。

心の掃除をして本来の感覚を取り戻せば、〝感じる〟センサーの精度が上がってきます。しかも、もともと過度に敏感ですぐにヘンなものが見え出すというような、わるい形の〝霊感体質〟も変わっていきます。

そういう意味では、居心地がよい場所とよくない場所がわかるので、自分に適したパワースポットが発見できるようになります。

かつては「頭でっかち」だった私も、タッピングをするようになってから自然と体感が甦ってきました。

そうなると不思議なもので、神様を敬う気持ちが強くなり、感謝が湧き出てくるようになります。神様との距離が縮まって、仲よくなれたように思います。

また、神様とは逆に悪霊に取り憑かれやすい体質の人がいると聞きます。

おそらく、ほとんどの場合が一種の勘違いだろうと思いますが、中には本当に取り憑かれる人もいるかもしれません。

というのも、「類は友を呼ぶ」つまり「同質のエネルギーは引き寄せ合う」という法則があるからです。

「引き寄せの法則」ともいいますが、別に怪しいものではなく、単なる法則で常に機能しています。

自分のエネルギーの質が変わらなければ、今までと同じです。

何かを引き寄せたいという気持ちは、それがなかなか手に入らないからそういう欲求が出るわけです。自分が今までのままだったら、「引き寄せたい」のままで何も変わりません。

自分のエネルギーの質が変わらないといけませんが、エネルギーだけを変えることはできません。自分自身が変わらないといけないのです。

もし悪霊に取り憑かれやすいとすれば、心の中に邪悪なものがあり、そういうエネルギーを発しているから、それ相応のものが寄ってくるということです。

たとえば、最近よく言われる「生き霊」や「エナジーヴァンパイア」「呪い」「サイキックアタック」など、語れば一冊の本ができるほどの内容になりますが、基本になることは自分の心を掃除して整えることです。

〝結界〟を張るなどの技もありますが、どれほど優れた技術を知っていても、使う人の心しだいでは実際の役には立たないのです。

たとえば、いくら高度で危険な技術を持っていたとしても、心にマイナスの感情や思い込みが渦巻いていれば、いずれは破滅的な反動が返ってくることを受け入れている状態です。技術が役に立たないどころか、さらなるひどいものを引き寄せてしまいます。

対面セッションを受ける方の中にも、対人関係に悩む方はとても多いようです。どうしても縁を切りたい相手がいるという方もいらっしゃいます。

「イヤな相手と縁を切りたい」というのは、〝生き霊〟に関連するのでちょっと触れておきます。

そのような場合、まず相手に対する自分の感情を見ます。

「怒っている」「憎んでいる」「大嫌い」など、さまざまな感情があると思いますが、「その人のどういうところに腹が立つのか」「どういうことをされたからイヤなのか」などを探りつつ、そこで湧き出した感情を取り除いていくうちに、いつしか相手ではなく自分自身に対して、いわば自問自答をするような展開になってきます。

そして、自分の中にあるなんらかの問題やテーマがイヤな相手を作っていることに気がつき、それらを解決するようになります。

たとえば、自分が相手に対して抱いている反発心が、相手の自分に対する執着や反発心を煽っていることに気づくこともあるでしょう。

この場合、反発心を持って相手を〝敵〟と認識し、意識的・無意識的にかかわらず相手に敵対する言動をとっていれば、火に油を注ぐだけで、不毛な消耗戦を展開することになります。

まずは、自分の中にある相手への反発心や攻撃心を消すように努めることです。

そうすることによって、イヤな相手はいなくなってしまいます。一緒の職場ではなくなったり、遠くへ引っ越したり、急に態度を改めたり、ときには仲よくなることもあります。

「人は自分の鏡」であり、本当に自分の内面的なテーマに取り組みはじめると、実際、イヤな相手のことなどは眼中から消えているのも事実です。

〝生き霊〟も同じですが、タッピングを続けていれば、心が強さとしなやかさを取り戻しますから、他者から妙な念を送られてもこたえなくなります。

〝柳に風〟と受け流したり、跳ね返したりしているうちに、妙な念は送った本人に返っていくので相手が参ってしまうでしょう。

そもそもマイナスの感情や波動というものは、プラスのそれとは異なり、はるかに相手に届きにくく、浸透しにくいものなのです。

エナジーヴァンパイア

「エナジーヴァンパイア」にはさまざまな種類があります。

一つは繁華街などの雑踏にいると、急に自分のエネルギー状態がダウンしてしまうといったもので、相手は人間ではありません。タチのわるい精霊のようなものの仕業で、欧米では「エレメント」と呼ばれたりします。

ほとんど知性も持たず本能的に活動しているもので、これはもう〝いるもの〟とするしかありません。

もう一つは、その人と一緒にいるとものすごく疲れてしまうといった場合ですが、そういうタイプのほとんどは、私は相性の問題だと思っています。

体質的に相手に対して敏感な人というのはいるものですが、私も二十代半ばころまでは今でいう「エンパス」でした。繊細で敏感で、霊感のようなものもあるので、相手の気持ちがわかってしまいます。

うつ病になって心を閉ざさなければ、生きていくことができなかったと言うと大げさに聞こえるかもしれませんが、うつ病がある種の自己防衛になっていたことは間違いありません。

私は、マインドフルネスタッピングにたどり着くまで回り道をしすぎたのかもしれません。

それはともかく、エナジーヴァンパイア的なものに対しては、タッピングをすれば大丈夫です。

心の強さやしなやかさというのは誰もが持っているものです。

「私は心が弱い」と言う人もいますが、本当に心が弱かったら、すでに死んでしまってこの世にはいません。おそらく、ほかの誰かと比べていらっしゃるのではないでしょうか。

一人ひとりの生きるテーマは違うので、誰かと比べる必要はまったくありません。

自分がエンパスなどの過敏な体質や気質だったとしても、まず自分に向き合うことからはじめて、タッピングでマイナスの感情や思い込みを取り除けば、自分のエネルギーの質だけではなく流れも変えて、体も変えていくことができます。

カルマ（業）の浄化

この世には「因果応報」の法則が働いています。

原因があって、結果があります。

そのため、ある〝思い〟や〝感情〟を抱けば、それに応じた結果が出ますし、ある〝言葉〟や〝行ない〟が原因となって、また結果が出ます。

〝カルマ〟は「業《ごう》」とも訳されますが、つまりは、結果の原因となる「思い・感情・言葉・行ない」などのことです。

ですので、たとえばわるいカルマを持っていればわるい結果を招きますし、よいカルマを持っていればよい結果がもたらされます。

マイナスの感情や思い込みは、わるいカルマを作ります。マイナスの感情や思い込みが溜まっていくと、歓迎したくない人物や物ごとが次々と襲ってくることになります。

「カルマ」や「因果応報」といった仏教用語を持ち出すと、「前世」や「輪廻転生」についても説明する必要があるかもしれませんが、ここでは深入りはしません。

一つ言えることは、マインドフルネスタッピングのメソッドは、わるいカルマを解消したり、「悟り」や「真理」を目指すことに特化されたものではないということです。

あくまでも、それぞれの人生をよりよいものにし、幸せに生きることに重点が置かれています。

タッピングのメソッドとは、未来に悪影響を及ぼすような因子のかなりの部分を取り除く方法なのです。無理なく自分の心を探り、クリーニングしていきます。

クリーニングすることによって原因の主体となる感情が消え、続いて思い込みが消えるために結果も消えるか、あるいは結果が出るとしても、クリーニングしない場合よりも軽微なダメージで済むようになるわけです。

跡形なく完全にカルマを消すとなると、タッピングとともにさらに高度なメソッドを必要としますが、本書ではその詳細には立ち入らず、巻末で簡単に紹介します。

先に「心」と書きましたが、別の言い方をすると「記憶」です。

単なる「思い出」ではなく、過去に経験したあらゆる「情報」と言ったほうが近いでしょう。

実際に体験していただくとわかりますが、タッピングをすると、「覚えているはずがない」

という記憶が出てきます。

人というのは、どれほど本人が覚えていないつもりになっていても、どれほど自分に嘘をついたり、自分を欺いたりしていても、自分が体験したことはすべて記憶しています。

また、全身で経験したあらゆる情報――視覚・聴覚・嗅覚・味覚・触覚・知覚などに基づく情報は、記憶の中で整理されているようで実は複雑に絡み合い、混在しています。

聴覚による過去の強烈な体験の記憶も、いつの間にか視覚でとらえたもののように誤変換して覚えていたりします。

「記憶はアテにならない」とよく言われますが、こうした脳のバグのような錯覚をリアルな体験と思い込んでいることが非常に多いからです。

自分の過去の記憶というものは、奥に入っていくと底なし沼のように前世にまで及びます。

しかし、たとえばマインドフルネスタッピングの発展形である「リミットブレイクマスター®」(二〇八頁参照)というメソッドを使えば、たとえ自分にはその気がなくても、ほぼ確実に前世レベルまでの記憶が浄化されます。

たいへんなクリーニング力ですが、わるいカルマの主体ともいえる部分がほとんど消えるため(その際、冷たい炎で「焼き尽くされる」ような体感を持つことがあります)、未来に降りかかるはずだったさまざまな歓迎したくない事柄がキャンセルされます。

結果として、不運・悪運から抜け出して開運していくことになります。

それまで抑圧されて、沈黙を強いられていたその人の生まれ持った才能や能力が、自然に開花していくのです。そうなれば地球を楽しむチケットを手に入れたのも同然となります。

これは余談ですが、人生に直接の影響をもたらすカルマには〝有効期限〟があります。それは、今世と死後に生まれ変わった次の世の〝人生二回分〟です。

いくら善行を積んでも、どれほど悪行を重ねても、それらの〝原因〟と〝結果〟は「人生二回」でほぼ使い果たされます。

よく言われるような、「未来永劫にわたって呪われる」ということは基本的にはありません。

ちょっと話が難しいと感じられる方がいらっしゃるかもしれませんが、ここでは参考として読んでいただければ十分です。

「悟り」と願望実現

ここまで読まれた方の中には、マインドフルネスタッピングを習得すると、〝悟り〟の世界に入るのではないかと思われた方もいらっしゃるかもしれません。

しかしながら、イーモアマインドクリエーション協会では、そういう方面の講座は開催しておりません。

基本的に協会が提唱していることは、タッピングやその他のメソッドを活用して、「幸せが雪だるま式に膨らんでいく人生を送りましょう！」というものです。

協会の会員様をはじめ、受講される方の約半数は主婦の方ですが、特別に「道を究めよう」とは思わず、「ただ楽しいから」とメソッドを続けています。

それでも中には、何かしらの能力が開花する方がけっこういらっしゃいます。

たとえば、「物体のエネルギーの質を見分けられる」「料理の味を変える」「結界を張る」などのほか、何か困ったことがあったときに、さりげなく「チャネリング」をしている方もあれば、ほとんど「テレパシー」に近い能力で人の心に気づくなど、さまざまです。

私が拝見していても、そういう方々の中には、かなり高い精神的な境地に達しているとしか思えない方もいらっしゃいます。

先ほどの〝悟り〟もそうですが、人が強く求めたり、強く願うほど目標は遠ざかり、望みは叶いにくくなるようです。

願望を叶えるためには、願望そのものへの熱烈さ、苛烈さを捨てていくことが手はじめになります。

そもそも、「願望」という言い方自体にも問題がありそうです。「願望」というのは、願っていたり望んでいる対象があるということなので、日ごろから願望が強ければ強いほど、その対象に執着している状態ともいえます。

〝悟り〟というものも、人の想像を超越した至高の境地があると仮定し、そこを目指して熱狂的に努力すればするほど遠ざかっていくものかもしれません。

そして願望が叶わなければ、残念さ、悔しさ、悲しみ、怒りなどの感情を溜め込むことになり、同時に執着も強くなります。

これまでにも述べてきましたが、タッピングのメソッドは、そうしたマイナスの感情を消し去っていきます。そして、すぐに心のバランスがとれておだやかになります。

タッピングを続けている人に激情家はいません。「瞬間湯沸し器」とまで言われるほど怒りっぽかった人が、どんどんとやさしくなり、人相まで変わっていきます。

そして、自分にとって最良・最善のことが起きてきます。結果として、かつての願望がいつのまにか叶ってしまうということも起きてくるのです。

ここに願いを叶えるコツの一つがあります。それは「願いを淡くすると叶いやすくなる」というものです。

願望実現に関しては、また次章でも詳しく取り上げます。

コラム

「憑依」とお祓い

〝憑依〟については、悪霊に取り憑かれるなど、古くからおどろおどろしい話が伝わっています。

私が子どものころにも、映画の『エクソシスト』が大ブームとなり、〝オカルト〟がある種の社会問題になったような記憶があります。

しかし、憑依は実際にあります。やはり、肉体感覚を失っていると取り憑かれやすいようです。

わかりやすい例をあげると、たとえばいわくつきの心霊スポットなどに踏み込んで、むやみに怖がったりするうちに体の重心がすっかり浮いてしまった……こういうときが危ないです。

憑依とは、何かしらの意識が自分の中に入り込み、自分の体を支配してしまうということです。

場合によっては、侵入してくる意識が複数だったり、相手の力が強力すぎて、乗っ取られた人の意識が見い出せないくらい弱くなっていると、再起不能という深刻な事態にもなりかねません。

体の感覚を喪失した状態で、たとえばなんらかの図形やシンボルなど、外部の何かに意識を集中するといったワークは、ちゃんとした経験と実績を備えた指導者のもとで行なわないと非常に危険です。

今はネットなどでも、リスキーなメソッドが簡単に公開されていますが、気安く飛びついて独力で実行してはいけません。慎重になりましょう。

実際、まだ心身の準備が整っていない状態で危険性の高いメソッドや儀式、祭礼などに手を出して、人生を台なしにしてしまったというケースを私はいくつも知っています。

また、「もし危なくなったら、プロの霊能者に祓ってもらえばよい」などとは思わないでください。

「憑きものを落とす」「祓い清めができる」ことを謳っている本格的なプロでも、もはや〝お手上げ〟というケースはかなり多いのです。

また、「祓う」ことはいわば最終手段であり、それは対症療法でしかありません。

祓われる側が心を改めない限り〝次〟があるし、〝その次〟はもっと厄介なことになります。

取り憑くことは、取り憑かれる側の人間が発しているエネルギーと共鳴しているということです。

そのエネルギーの発電所にあたる部分が脳髄で、そこの回路が取り憑く〝もの〟にふさわしい配線になっているのです。

配線は〝思考回路〟です。思考回路がマイナスの感情や思い込みの影響を受けていれば、それなりの〝もの〟が寄ってくることになります。

一時的にその〝もの〟を追い出したとしても、配線が元のままであれば、また同じようなことが起こります。

しかも、次に起こるとき、事態ははるかに悪化するというのが現実です。

新約聖書の『マタイによる福音書』ではイエスも、「汚れた霊が人から出ると、休み場を求めて水の無い所を歩きまわるが、見つからない。そこで、出てきた元の家に帰ろうと言って帰って見ると、その家はあいていて、そうじがしてある上、飾りつけがしてあった。そこでまた出て行って、自分以上に悪い他の七つの霊を一緒に引き連れてきて中にはいり、そこに住み込む。そうすると、その人ののちの状態は初めよりももっと悪くなるのである」（第12章43〜45節／日本聖書協会）と説いています。

つまり、悪霊が追い出されたあとでも、その人の心の中にプラスの方向に向かう思考回路ができていなかったり、プラスの感情がなければ、もっと多くの悪霊が入る余地があるということです。

対症療法の祓いにはそうした側面があります。やむを得ない場合はともかく、まずは自分の考え方を変え、よい気分でいる時間を長くするに越したことはありません。

実際のところ、そう簡単には悪霊が取り憑いて支配されるなどという事態にはならないものです。

しかし、もしそういうことが起きても、霊能者に祓ってもらえばよいと安易に思っていたとしたら、取り返しのつかないことになる可能性があるということです。

第三章

マインドフルネスタッピングで叶える願望実現の奇跡

願いが叶う

タッピングで心を掃除していくと、願望が実現しやすくなります。
なぜでしょうか。
大きな理由が二つあります。

一　自分の本当の願いが見つかるから

二　自分の能力を抑圧している〝心のブレーキ〟が外れるから

一についてですが、自分の本当の願いを知っている人は意外なほど少ないのです。

意識には顕在意識と潜在意識がありますが、意識全体を10とすると顕在意識は1、潜在意識は9といわれています。

解剖してもわかる話ではないので正確な比率は測定不能としても、顕在意識が圧倒的に〝小さい〟ことは間違いありません。

意識の大部分を占める潜在意識は無意識の領域にあるので、普段の私たちの意識には上ってきません。

しかし、〝大部分〟なので、これを味方にしなければなりません。

顕在意識でどれほど願っていても、潜在意識が望まない限り願いが叶うはずはないからです。

たとえば、常日ごろから「この願いは死んでも叶えたい！」と口癖のように言ってる人がいるとします。

ところが、どうしてそこまで思い込んでいるのか掘り下げてみると、「親にそう言われ続けてきたから」「パートナーが望んでいるから」「あの人には負けたくないから」「みんながそうしているから」等々、他人の願いや他人絡みであることが多いのです。

人生の時間は限られています。貴重な時間を使って、〝ほかの誰かの願い〟を叶えるためにあくせくする必要はありません。

過去に体験したマイナスの感情や心の傷は、ほとんどが他人からなんらかの影響を受けた結果です。

私たちは他人に踊らされて、人生の貴重な時間やエネルギーをいたずらに浪費していることが非常に多いのです。

タッピングで心を掃除することは、「**主体性を取り戻す**」「**主体性を発見する**」ということです。

主体としての自分が望む人生を送ることが〝自己実現〟にほかなりません。

タッピングを知って、

「初めて自分の人生を歩めるようになった……」

と気づく方はとても多いのです。

ほかならぬ私がそうでした。恐ろしいことに、中年になってやっと健康になってから、それまでの人生を誰かのために生きていたことを知って愕然としたものです。

〝誰かのために〟といっても愛情からではなく、誰かに引きずられたり、誰かの言う通りに生きてしまうということです。

潜在意識をさらに深く掘り下げていくと、その人の〝本質〟が現われてきます。

すると、どうして自分が生まれてきたのか、自分が今、何を必要としているのかが自然と理解できます。

それがその人のそのときの〝願い〟となります。

しかも、それは必然的な願いなのでとても叶いやすいです。潜在意識が味方しているのですから、実現しないほうが難しいといえます。

二については、ここまで読まれてきた方ならおわかりになると思います。

心の中にさまざまなマイナスの感情や思い込みが溜まってくると、それがブレーキとなって、叶うはずの願いも叶わなくなってしまいます。自分を見失っているので、常に迷路にはまっている状態です。

このブレーキは本来、その人に生まれながらにして備わっている素質や才能にストップをかけてしまう、恐ろしいものです。

私たちは、幼いころからブレーキがかかった状態のままでいると、自分が何に向いているかすらわからなくなってしまいます。

タッピングは、心のブレーキとなるさまざまなマイナスの感情や思い込みを取り除いてくれるのです。

本物の願いと偽物の願いを見分ける

自分の〝本質〟にたどり着く前に、もっと手っ取り早く今の自分が抱いている願いが本物なのか、偽物なのかを知りたいという人もいるかもしれません。

しかし、願いが本物か偽物かを判別する基準はわりとわかりやすいかと思います。

というのも、基準になるのは古来から宗教などで説かれている〝戒律〟に通ずるところが多く、自分を深く掘り下げていくと〝神聖〟なものに近づくからでもあります。

仏教が説く「三毒」があります。三毒とは「貪《とん》・瞋《じん》・痴《ち》」の三つです。

この三つに基づく願いは叶いにくいばかりか、仮に叶えたとしても、あとできつい〝しっぺ返し〟が来る可能性が高いです。

「貪」は〝むさぼる〟ことです。つまり、「足ることを知る」から外れるなということです。

「瞋」は〝怒り〟ですから、怒りやそれに類する感情から離れることです。

「痴」は〝無知〟です。知識や情報が少ない人を〝無知〟とする風潮がありますが、そうではありません。

本当の無知は「真理を知らない」ことです。

これは仏教の教えですから仏教的真理ともいうべきもの、つまり「諸行無常」ということになります。永遠に続くものは物質の世界にはないので、それに執着するなという意味です。ですが、あまり突き詰めて考えないで、ここでは「さまざまな物事に強く執着しない」というくらいの意味でよいと思います。

そのような「三毒」から発する願いは、とりあえず本当の願いとは言えないのではないでしょうか。

タッピングをこなしていけば、自分の中に溜まっていた「三毒」の要素は次々と解消されます。そして耐性もでき、次には同じ「毒」に染まりにくくなりますし、染まっても離脱することが容易になります。

第一章の「悟りと願望実現」の項でも触れましたが、あっさりとライトな感じの気分でいるときのほうが願いは叶いやすいのですが、マインドフルネスタッピングを続けていくと、人柄がしだいにそのようになります。

もちろん、その人の個性が失われるわけではありませんが、ギラギラ、ギトギトした欲望の方向へ進むことはまずないといえます。

そのような自分の変化を楽しんで受け入れているうちに、自分の中に体験に基づいた確かな基準が形成されます。

すると、自分が間違った方向に進んだときに気づきやすくなるのです。その流れの中で、今の自分の願いが正しいものなのかどうかも理解されます。

狙いすました願いは叶いにくい

今、世界レベルで主流になっている「成功法則」や「願望実現の方法」は、すべて西欧発信のものです。つまり、西欧の人々の気質や体質に見合うようにでき上がっています。

それらは強力なものには違いありませんが、東洋人、特に日本人にとっては使いこなすことが難しいです。

西洋人と東洋人では、体質や気質がかなり違います。多くの方の場合、体つきから感性、そのほか相当な違いがあります。また、西欧社会では非常に論理を重んじ、思考を大切にします。

現在の主流の願望実現法は、西洋人によって西洋人のために作られているのは間違いないでしょう。

よく見られるアプローチとしては、虫メガネで太陽光を一点に収束させるように願望を絞り込み、先鋭化させて突き進むというものです。

アファメーション（肯定的な宣言を繰り返すこと）を唱えて潜在意識に浸透させるという方法もありますが、これもやはり徹底的に行なわなくてはなりません。

朝と夜にちょっと唱えるくらいではダメで、人によってはアファメーションに人生が引っ張り回されてしまいます。

さらに、知識やノウハウをインプットして、あとから頭の中の理論を頼りに行動としてアウトプットしていくという方法もあります。そこで望ましくない結果が出たら、はじめから見直します。

この方法などは理論的というよりも、人体をほとんど機械のように見なしているのではないかと思われます。人生が何かの実験場のようです。

このような方法は、どうも日本人には無理があると思います。実際、西洋式の願望実現法を試してみて、うまくいかなかったと言う方はあとを絶ちません。

中にはメソッドと心中覚悟で望んだ結果、大変な状況に陥ってしまったというケースもあります。

たとえば成功の代わりに残されたものは、ボロボロになった自分の体や家族、大切な人間関係、逆に多くの敵や義理のわるいつき合いができて、あげくの果てには苦労して手に入れた成功への疑問も湧き出し、幻滅、価値観の崩壊が起きる……そして「成功には代償がつきものだ」という決まり文句……。

極端な例かもしれませんが、やはりバランスを失しているとはいえないでしょうか？　大きな代償を払ってまで、華やかな成功を求めなる必要が本当にあるのでしょうか？　そのような考えの背景には、西洋の歴史に横たわる弱肉強食、優勝劣敗の〝力づく〟の世界観があります。

力づくで勝利をもぎ取る発想による願望実現法では、まず手はじめに目標（標的）を明確かつ具体的に設定します。一点に全力を集中させるためには、なくてはならない〝戦略〟です。たとえば「年収○万円」とか、「○年○月までに○○と○○、そして○○を達成する」などと決めます（実際はもっと詳細に設定します）。射撃のターゲットと同じです。

戦略を立てて、プランAがうまくいかなかったらプランB、プランC……というやり方は、指揮系統が明確な集団で何かに臨むときには有効かもしれません。しかし、個人の願望実現には向かないと思います。

日本の剣術や弓道などの武道の世界では、「的を狙わない」という教えさえあり、「狙えば狙うほど外れる」とも説かれています。

武道ではなくトランプやコンピュータゲームなどでも、どれほど戦略を練って集中しても勝てなかったり、クリアできないという経験があるはずです。

仲間と麻雀をしていても、狙いすました一手というのは〝読まれて〟しまって、誰も引っかかりません。むしろ興味本位の初心者が何も考えずに打つ手に、経験者たちが次々と引っかかってしまいます……。

目標を狙いすます作業は心身に多大なストレスをかけます。いわば相当なエネルギーを〝不自然〟に使います。

そのうち脇目も振らず目標を達成しようと血眼になり、〝今を生きる〟マインドフルネスの世界とは正反対の、「仮定した未来を追い求めて、目先のことだけをこなしていく」人生になっていきます。

成功できればよいのですが、そうならない場合のほうが多いでしょう。なにしろ狙った的ほど当てるのは困難だからです。

マインドフルネスタッピングの世界は、一部のエリートだけが一人勝ちするような左脳偏重の世界とは趣を異にしています。

心を整えることによって自分が自分と和し、他人とも和を築けるようになります。それまで知らなかったような〝和〟の体験が待ち受けているのです。

マインドフルネスタッピングのメソッドは明確な目標は定めず、「なんとなく」「漠然とした」目標らしきものくらいしか持たないようにします。

〝らしきもの〟という意味は、目標も成りゆきしだいでどうにでも変化するので、「よりおもしろそうな方向」に進むようにするためです。頭でキリキリと煎じ詰めず、感性を大切にするのです。左脳的ではなく右脳的です。

タッピングを続けることは難しいことではありませんし、日本人の体質や気質にも合っているメソッドではないでしょうか。

「天命」を発見する

マインドフルネスタッピングでは、最終的な自分の目的を見つけ出すことを重視します。「これをするために生まれてきた」というような〝天命〟を見出すのです。

天命に沿っていれば、それに派生する願望はとても叶いやすくなります。

また、天命を見出すまでに出てくる願望については執着しないようにします。タッピングを行なっていけば難しいことではありません。

ちなみに意外と混同されていますが、〝天命〟と〝天職〟は違います。

天職は自分にもっともふさわしい仕事のことですが、天命は仕事ではありません。

この人生で自分が本当にやりたいこと――それが天命です。

人生の目的といえるものです。人生の〝核〟になる部分です。

何か大仰なことのように感じられる方もいらっしゃるかもしれませんが、そうでもありません。

たとえば、「なるべく多くの友だちを作って、その人たちだけでも愛したい」というのも天命となるでしょう。「小さな生き物を大切にしたい」もそうです。「なんでもよいから、自分が作り出すもので多くの人を喜ばせたい」というのもあります。

マニュアルがあるわけではないので、こればかりは自分で発見するしかありません。

天命を見出すことは人生の転機になることも多く、一つのイベントともいえます。

ちょっとした目安をお伝えします。

天命とは、その方向を想像するとほんの微かでも必ず心が震えるような、愛の気持ちが兆す方向にあります。

もちろん、〝性的興奮〟を感じるということとはまったく違います。これは冗談ではなく、注意すべき大事なことです。

ですので、当たり前ですが、「大勢の人の命を奪う」「多くの人を傷つける」「嘘をつく」などという方向には絶対にありません。

人生の核となるエッセンスですから、言葉で言うと意外にささやかで、端的な感じのこと――「愛したい」「充実したい」といったことになるでしょうか。

自分でそれを発見したときは、「ああ、そんな感じかもしれないな……」というような、わりと平凡でシンプルな印象があるようです。

というのも、天命はいきなり閃光のようにドン！とわかるものというよりは、一連の流れの中でしだいに明らかになるような傾向があるからです。

中には、幼少時から未来を透視しているかのように、自分の人生でやるべきことを把握している方や、特別な生き方しかできない環境に生まれ落ちた方などもいらっしゃいますが、そのような天命というよりは〝使命〟を持っている方はあくまでも例外です。

多くの方は、人生の中でもまれていくうちにだんだんわかっていくようです。

そして、先ほども言いましたが、「天命に近い方向性を持つ願いは叶いやすい」ということがあり、天命とはすなわち〝本物の願い〟です。

これほど純粋で素直な願いはありません。

潜在意識がほぼ全面的に味方している願いです。

この願いを叶えようとすれば、スルスルとうまくいくという状況が開かれてきます。宇宙が味方してくれるのです。

そうなると高級な神霊も味方してくれます。

高級な神霊というのは、ご先祖様など、自分と縁のある霊的な存在です。たとえば自分が携わっている仕事の分野の遠い先達や、天使との縁が強い方には天使、龍族と縁がある方には龍などです。

そうした存在とのつながりが確保できると、それぞれの霊統をたどって、さらに上位の格の高い存在の加護が得られるようになります。

どちらに行ったらよいか迷ったときなどは、直感や何かの象徴という形でサポートしてくれます。その流れに乗ることができると、運命的な出会いも訪れるでしょう。

本来、人は誰しもそういう「本物の願い＝天命」を持って生まれているのですが、残念なことに、生まれ落ちるとただちにそれを忘れてしまうようです。

さらに人生の荒波にもまれていくうちに、どんどん見当違いの方向に進んでいきます。

実りの少ない悪戦苦闘から抜け出す一つの大きなポイントが、生まれてこのかたずっと積み重ねてきた、自分を邪魔しているさまざまな感情や思い込みを取り除き、心を明らかにして素直になることにあるのです。

「愛」の発現

西洋式の〝力づく〟はともかく、〝集中〟すること自体はわるいことではありません。大ヒットアニメでも話題になった「全集中」とは、〝心は集中、体はリラックス〟していることです。集中と拡散という別方向のエネルギーが、同時に強く働いている状態に入るのです。

この感覚をつかむと、一点にキリキリと絞り込む集中とは違って、澄んだ、気持ちのよい方向のものであることを知るようになります。

力を抜いたリラックス状態で、愛する人に対するようなやさしい気持ちから発せられた波動は、他者を気持ちよくさせる性質があります。

そして、そのような状態から生まれた願望も、多くの人の応援を受けやすい性質を持ちます。

まずは人から受け入れられやすくなり、それから宇宙レベルの応援を受けて願望が叶いやすくなります。たとえ妨害が入ったとしても、適切に対処するたくましさも育まれます。

〝リラックスして愛情があふれている状態〟とは、頭であれこれ考えて作り出せるものではありません。頭で考え続けている状態では本当のリラックスはできませんし、本物の愛情も出てきません。

しかし、タッピングを身につけていると、本当のリラックスや本物の愛情にたどり着きやすくなります。

そのようにして、自分を苦しめて奮闘しなくても意外に望みが叶うという〝体質〟ができてくると、もはや戦略的発想も不要になります。

個人の願望実現においては目標を窮屈にせず、状況に応じて自由に動けるようにすると、〝流れ〟を自分の味方につけることができます。そうなれば願いは叶ったも同然になります。

そしてその自由度は、自分の天命に沿った流れの方向にあるほど高くなります。自分に最終的なゴールがわかっていれば、そこまでの道のりは楽になるし、いろいろと遊べる（自由度が高い）わけです。

タッピングによって心から余分なものをそぎ落としていくだけで、自然にそうしたことが見えてくるので、楽なうえに失敗があっても、そこで挫折することがありません。

よく「宇宙におまかせ」という表現が使われますが、その感覚に近いかもしれません。ある程度行なったら、あとは宇宙にまかせてしまいます。

これまで自分の心の自由を奪っていた、過去から積み重ねてきたマイナスの感情や思い込みを取り除いてしまうと、まず自分を信頼できるようになります。〝本当の自信〟が出てきます。

本当の自信というのは、心から神や宇宙を信じることと同じです。そうなれば、そういう〝何か〟にサポートされるようになるのです。

タッピングに一～二カ月くらい取り組むと、性格や人格がかなり変わります。

まずエゴが希薄になります。そのため〝見た目〟も明るく軽快になり、透明感が出てきます。

〝エグさ〟がなくなってくるのです。

エゴが希薄になると〝愛〟が現われます。

人間の本質は愛ですから、心から余計なものがそぎ落とされていくと愛が現われてくるのです。

そうなるといろいろと〝よいこと〟が起こります。

多くの方は「対人関係が一変する」と言われます。

私の場合もそうでしたが、それまでイヤで仕方がない人たちが身の周りからいなくなってしまいました。

また金運もよくなります。

自分の心の中にどんよりしたもの、イガイガしたもの、ウジウジしたもの、尖ったものなどが渦巻いていれば、エネルギーの流れがさまざまな次元で詰まったり、ギクシャクしたりします。そして自分の外側の現実世界に反映されます。

心の中に溜め込んでいたいろいろな不快なものを取り除いていけば、エネルギーが開通するようになります。そうなると自分が持って生まれた運勢が開けてきますし、金運もその一つです。

莫大なお金を引き寄せたいとなると話は別ですが、持って生まれた金運が甦ることは普通に起こるし、それでも想像していたより多額で驚かれるかもしれません。

最強の「感謝」

今まで自分を煩わせていた余計な感情や思い込みを取り外していけばいくほど、いろいろなことに自然と感謝できるようになります。

感謝はとても強力です。

本心は別として、形だけ感謝するだけでもよいことが起きるというくらい感謝の気持ちのパワーは強いので、自然体から発せられる感謝は強力無比です。

また、自然に出てくる感謝はとても気持ちがよいので、その気持ちよさに気づいて改めて感動し、さらに感謝するというループが生まれてきます。

そうなると、目が覚めてもありがたいし、ベッドから起き上がってもありがたい、お日様がありがたい、ちょっと腰が痛むのもそれはそれでありがたいという世界が開示されてきます。

ここまで極端ではないにせよ、こういう〝感じ〟になると運勢が急速に上向きます。

不幸のどん底にいるときは何をやっても裏目に出るし、それが積み重なって坂道を転げ落ちるようにドツボにはまっていくものですが、それと同じことが今度は逆方向に、よい方向に向かうのです。

よいことがよいことを呼び込み、どんどんと雪だるま式に膨らんでいくという現象が起きます。それを下支えしているのは「ありがたい」という感謝の気持ちです。

タッピングを行なってからこの段階にいたると、すでに欲望や煩悩も希薄になっていますから、幸運の連鎖にも飽きてきます。

「飽きる」というと語弊がありますが、退屈のようなものを感じはじめるので、〝よりおもしろい何か〟を追求したり、〝より難易度の高い何か〟に向かうことになります。

そして同時に、いわゆる「人事を尽くして天命を待つ」という心境に〝本当に〟なってきます。もう、そこに行くしかなくなってくるのです。

やるだけやってダメだったら、それはそれで縁がなかったということで、そこに未練や執着は生じません。

ところがそういう状態になっていると、逆説のようですが、発する願いはまず叶ってしまいます。

その感覚を文章化するのは難しいですが、実際にご自分で体験するようになると独特の感慨を抱くことでしょう。

西洋式の一点集中型、努力して達成する願望実現法による成功とは、まったく感触も異なれば、手に入るものも違うからです。

気持ちは清々しく、自分の成長が実感され、手に入れるものは金銭的なもの、地位や名誉的なものよりもはるかに豊なものになります。

感謝が自然にできるようになるのは、なぜでしょうか。

それは、自分が自力のみで生きているのではないことに気づくからです。マイナスの感情がある程度減ると、自分の生命が保たれていることがまさに奇跡であると、遅かれ早かれ気づかれることでしょう。

第四章

マインドフルネスタッピングの概要

「マインドフルネス」の概念について

ここで、「マインドフルネス」の概念について少し述べておきます。

マインドフルネスの状態とは、「**今を生きる**」という状態です。

体が最大限にリラックスしていながら何かに没頭している状態、純粋で雑念がなく一瞬一瞬を全力で生きている状態のことです。

自分の能力を発揮するには理想的な状態といえますが、その理想的な状態をすぐにでも達成できるように、今までさまざまな方法が編み出されてきました。

まずは東洋の古典的な瞑想法、特に仏教の瞑想に目が向けられました。といっても「悟り」や「解脱」とは別に、マインドフルネス状態に入る手段として優れていることが解明されたわけです。

仏教の瞑想法はいろいろありますが、突き詰めると「止観《しかん》」にたどり着きます。「止」と「観」の二つの瞑想法です。

「止」の瞑想とは、姿勢を正して座り、呼吸を数えたり、数を数えたり、なんらかの対象に意識を集中させることで雑念に煩わされないようにして、瞑想状態を深めていく方法です。

マインドフルネスでは、自分の息の数を数えるという禅宗の「数息観」という方法がよく用いられているようです。

「止」の瞑想では、浮かんでくる雑念をいわば無視するわけですが、「観」の瞑想では逆に雑念に瞬時、目を向けます。

そして、その雑念の種類や性質を即座に分析し、正体を突き詰め、それに適切な名前をつけて捨て去ります。

これを繰り返すことで瞑想を深めていきます。

ちょっとわかりにくいかもしれませんが、そのことがまた「観」の瞑想があまり普及しない原因にもなっているようです。

たとえば瞑想状態に入って突然、過去のある記憶が浮かんできたとします。それにまず「雑念」と名前をつけてやりすごします。

すると次に、そのときに心が痛んだ体験をした光景が浮かんだので、それに「痛み」とか「悲しみ」などと名づける……というふうにして進めていきます。

このとき、もっとも適切で明確な名前をつけることができると、つまりそれくらいに雑念の性質を理解し把握できると、興味深いことにその雑念は消えて、もう煩わされることがなくなります。

大事なことは、その雑念をその人がどのように感じているかということです。

ある雑念が浮かんだときに、「常識的には、この雑念はこう呼ぶだろう」という考え方は捨てないといけません。あくまでも、自分がその雑念をどのように感じ、どのようにとらえているかが問題になります。

しかしながら、自分の中から出てきた雑念でも適切な分析ができず、名づけられないことが多くあります。

その場合、その雑念は処理できずに心に残り続けます。

そいう部分もまた「観」の瞑想の難しいところでしょう。

しかし、「止」の瞑想を行なうだけでは、あるレベル以上の段階に進むことはおそらく不可能でしょう。

「観」の瞑想も身につけないと非常に苦しい思いをしたり、誤った方向に進んで大事にいたるかもしれません。

お釈迦様ですら「止」の瞑想で限界に達し、「観」の瞑想を学んでから先へ進まれたと伝えられています。

仏教の瞑想について触れましたが、現代社会に生きる私たちがこうした瞑想法を進めていくことは極めて困難と思われます。

しかし、最近のマインドフルネスでは、さまざまな形で「観」の瞑想を取り入れ、「止観」のバランスをとろうとしているようです。

「今を生きる」というマインドフルネス状態に専念しようとしても、頭の中にいろいろな思いや感情が渦巻き、ついほかのことを考えてしまうようでは、「今ここ」から外れてしまいます。

そこで仏教の「止観」の瞑想を取り入れ、雑念に惑わされないクセをつけようということなのでしょう。

しかし「言うは易し」ですが、瞑想を深めていくことはなかなか大変です。瞑想は本人の体感にまかせられているし、そのパフォーマンスの成果をスポーツほど客観的に観測することができません。

ただ、マインドフルネスタッピングのメソッドは、雑念の処理に簡単に対応できるし、かなり効果的です。

結果的に、どんどんと「今を生きる」マインドフルネス状態に近づいていき、同時に自分を取り巻く現実が好転し、発展していくのです。

肉体をリズミカルに軽く叩く

マインドフルネスタッピングの技法はかなりの数になります。

たとえば、前章で述べた願望実現に関するもの、体の痛みを軽減するもの、食欲を抑制するもの、さらには「美顔タッピング」という、短時間でエステティックサロン顔負けの威力を発揮する〝セルフ美顔術〟まであります。

しかし、無数の技法の基礎となるものは「**感情別タッピング**」という技法です。

マインドフルネスタッピングの真骨頂ともいえる技法で、心に蓄積されたマイナスの感情を取り除き、自分の足を引っ張るような思い込みを改善させます。

現在、世界中に多くのタッピングのスクール（流派）がありますが、タッピングのメソッドはもともと西洋発のもので、医療現場をサポートするテクニックでした。東洋の鍼灸《しんきゅう》をベースにし、患者さんの〝痛み〟を軽減するために開発されたのです。

鍼灸は、人体をめぐる経絡《けいらく》上にある経穴《けいけつ》（いわゆるツボ）に鍼《はり》や灸という道具で刺激を与え、気（エネルギー）の流れを改善させて健康に導きます。

鍼の場合、中国では長く太い鍼を直接皮膚に刺すことが多いようですが、日本では極細で短い鍼を使用し、皮膚に深く刺し込むことはなく、流派によってはいっさい刺さないところもあります。

鍼灸は効果的ですが習得が大変であり、医療現場に導入するにはなかなか手間がかかります。

そこで鍼や灸という道具を手の指で代用してみたところ、これが効き目があったので研究が進み、発展していきました。

そのため西洋発のタッピング技術の特徴は、痛みなど肉体に現われた問題を軽減するところにあります。

本書でお伝えするマインドフルネスタッピングのメソッドは医療用ではありません。

事細かに患部や病状を特定することがなく、一つひとつ技法に用いる手数も非常に少ないです。

肉体をタッピングする（指先で軽く叩く）ことで心の領域に働きかけ、問題の原因となっている因子を取り除いていきます。

心の問題に対処するのに、なぜタッピングするのでしょうか。

肉体に働きかける理由としては、大きく二つのポイントがあります。

一つは、「**テーマ（問題点）にフォーカスする（力点を置く）ことが容易になる**」からです。

たとえば、過去にすごく腹を立てたことがあり、今でもときどき思い出して収まらないので、その怒りを取り除きたいとします。

そのとき瞑想的なメソッドを用いて、頭の中で過去の怒りの場面を思い出すなどイメージを駆使するやり方があります。

しかし、この方法は最悪の場合、思い出した怒りの感情にのみ込まれてしまったり、怒りが別の怒りを呼び込んで収拾がつかなくなることがあります。

また、当時の感情や心境をノートなどに書き出していくという方法もありますが、それもあまり賛成できません。

文字にしようとする行為が間違いを生みやすいからです。〝間違い〟とは、記憶をねつ造したり、当時の感情に囚われてしまうことです。

書き出したものを目にすることでさらに囚われたり、余計なイマジネーションが生まれたりします。

自分の内面に目を向けること自体はわるいことではありません。むしろ、そこにこそ真の進歩や発展があります。

マインドフルネスタッピングでは、過去の手痛い記憶は〝軽く〟思い出すにとどめます。どうしても「軽くなれない」というケースに関しては後述しますが、ともかく無理を避けます。そのほうが結果的にははるかに早く楽になることができます。

そして、軽く思い出せたところでタッピングを行ないます。

タッピングは、ごく軽く肉体の一部をリズミカルに指先で叩くのですが（詳細は第二部で述べます）、この〝リズミカルな軽打〟が非常に重要になります。

この行為によって、当時の状態に〝はまり込まない〟〝のめり込まない〟で済み、〝しっかりと自分を保ったまま〟〝適度に記憶を再現する〟ことができるのです。

これらをトータルして「フォーカスしやすくなる」と表現します。

タッピングの作用によって、もっとも自分を苦しめ、悩ませていた当時の感情が高速度で抜け落ちていくので、速やかに〝癒やし〟が訪れてきます。

郵便はがき

料金受取人払郵便

神田局承認

1917

差出有効期間
2025年7月
31日まで
切手を貼らずに
お出しください。

101-8796

509

東京都千代田区神田神保町3-2
高橋ビル2階

株式会社 ライトワーカー

愛読者カード係 行

フリガナ		性別
お名前		男・女
年齢	歳	ご職業	
ご住所	〒	
電話		
FAX		
E-mail		
ご購入先	□ 書店(書店名:) □ ネット(サイト名:) □ その他( )	

ご記入いただいたお名前、ご住所、メールアドレスなどの個人情報は、企画の参考、アンケート依頼、商品情報の案内に使用し、そのほかの目的では使用いたしません。

ご愛読者カード

ご購読ありがとうございました。このカードは今後の参考にさせていただきたいと思いますので、アンケートにご記入のうえ、お送りくださいますようお願いいたします。

●お買い上げいただいた本のタイトル

●この本をどこでお知りになりましたか。

1. 書店で見て
2. 知人の紹介
3. 新聞・雑誌広告で見て
4. DM
5. その他（　　　　　　　　　　　　　　　　　　）

●ご購読の動機

●この本をお読みになってのご感想をお聞かせください。

●今後どのような本の出版を希望されますか？

購入申込書

本と郵便振替用紙をお送りしますので到着しだいお振込みください（送料をご負担いただきます）

書　　籍　　名	冊数
	冊
	冊

●弊社からのDMを送らせていただく場合がありますがよろしいでしょうか？

□はい　　　□いいえ

主に「左手」をタッピングする

二つめのポイントは、**「エネルギーの流れを大きく改善できる」**ことです。

東洋医学（主に中医学）では、全身に経絡という目に見えないルートがいくつも通っていて、そのルートを〝気〟が、つまりエネルギーが流れていると考えます。

このエネルギーの流れこそが人間の肉体が生きている証しともいえますが、経絡上にはいくつもの要点（経穴）があり、そこになんらかの刺激が加わるとエネルギーの流れに大きな影響を与えます。

一説には、全身には三八〇カ所以上の経穴があるとされますが、それぞれが人間の臓器や感情などと照応しており、季節や時刻によっていつごろ活性化するかまで判明しているといわれています。

経絡や経穴はとても奥が深く、中医学では陰陽五行説とも結びついて広大な体系が作り上げられています。

しかし、あまりにも複雑かつ曖昧な部分もあるので、書物に書いてあることと現場の実践がうまく噛み合わないケースも見られ、結局は施術者の経験とカンに頼らざるを得ない場合が多いようです。

マインドフルネスタッピングでも、基本的には他の流派と同じように経穴のタッピングを行ないますが、主に左手をタッピングします。左手の手のひらや指をタッピングすることがもっとも多くなります。

西欧では古くから「手は体の外に出た脳」と言われていますが、手には神経や毛細血管をはじめ、重要な経穴が密集しています。肉体のほかのどこよりもダイレクトに脳につながっていると言っても過言ではありません。

手を毎日、硬い物にぶつけ続けていると頭がどうにかなってしまいます。頭を毎日硬い物にぶつけるのとほとんど同じだからです。

このように手（主に左手）を用いて、絶妙な組み合わせで選択された経穴をやさしくタッピングしますが、ほかの流派とは異なり、経穴の位置を厳密に狙ったりはしません。

ある程度、経穴の位置をとらえていれば効果が出ます。なぜなら、経絡は肉体の深部を通っているものではないからです。

タッピングを続けているとオーラや雰囲気が変わったり、姿勢がよくなることもありますが、そういう現象が起きるのも単に心が浄化されるだけではなく、全身のエネルギーの流れが改善された証拠だといえます。

三つの「感情別タッピング」

マインドフルネスタッピングが日常で簡単に行なえる理由の一つに、中心となる「感情別タッピング」の技法が、たった三つに絞られていることがあげられるでしょう。

「感情別タッピング」が対応する三つのマイナスの感情は、**「不安・恐怖」「怒り」「悲しみ」**です。

正確にいうと、不安・恐怖系、怒り系、悲しみ系となり、三つの核となる感情に関連するマイナスの感情ということになります。

あるいは、人が抱くマイナス方向の感情の中で人生に深刻な影響を与えるものは、それら三つに属しているといってもよいかもしれません。

人によっては、「どれに属しているのかよくわからない感情」もあるでしょう。

たとえば「恥ずかしい」という感情があります。

とてもデリケートな感情で大切なものですが、トラウマに絡んでいたりするといつまでも忘れられなくなります。

「ある人に大勢の前でからかわれて、とても恥ずかしかった」という記憶があるとします。そういうときは、「恥ずかしくて、どういう感情を抱いたのか」「どのような感情が湧いてきて恥ずかしくなったのか」などを見つけていきます。

そこで、「からかわれた瞬間、ビックリして……」ということであれば不安・恐怖系なので、それを取り除きます。「恥ずかしくて、それからものすごく腹が立って……」なら怒り系になります。

とにかく、マイナス感情の記憶を基本の「三つの感情」に結びつけて分解し、それらを次々に除去していくわけです。三つの感情に〝こじつける〟といってもよいかもしれません。

使う技法がたったの三つですから、どのようにでも対応できてしまいます。コツがつかみやすく上達も早くなるので、どんどんよい結果を生み出します。

実際、基本の「感情別タッピング」だけでほとんどのことに対応できるし、もっとも効率もよいでしょう。

しかも、三つの「感情別タッピング」はいずれも手数が少なく、手順も絞り込まれていて、極めてシンプルな構成になっています。

「次はどうやるんだっけ?」とか、「えーと、これに対応するツボはここだから、ここをまずやってから……」ということにはなりません。頭で考えたり悩んでいるようなことでは、決して〝癒やし〟が深まることはないのです。

そういう意味では、マインドフルネスタッピングの技法は究極のシンプルさであり、「今、辛い思いをしているから、それからすぐに解放されたい」ときや、「ちょっとイラついてるけど、これから会議があるから気持ちを整理したい」というときに息抜き感覚で使うことができます。

また、短時間で済むために何度でも使うことができます。

一つの問題をクリアしたら別のものが出てきたというときでも、何回でも行なうことができます。

何よりもありがたいことは、タッピングを習得するのに特別な素質や才能を必要としないことです。性別も年齢も関係ありません。

やりすぎて肉体が故障することもないし（常軌を逸するようなケースは除きます）、手順を間違えたから大事にいたるということもありません。

もちろん世の中には、もっと優れた癒やし系のメソッドはいくらでもあるでしょう。

私自身、第一章でお伝えしたように病人歴がとても長かったため、さまざまな技法を学びましたし、いろいろなメソッドがあることはわかっています。

それでもマインドフルネスタッピングをお勧めするのは、そのシンプルさゆえです。誰でも、どこでも、いつでもできます。

淡々とタッピングを積み重ねることによって、結果的には最速かつ最大の効果を生むのです。

「グラウンディング」と「丹田」

マインドフルネスタッピングの講座では、特に「グラウンディング」や「丹田《たんでん》」については教えていません。

実のところ、タッピングを行なうときには特別にグラウンディングしたり、丹田を意識する必要はありません。それくらいシンプルなメソッドです。

では、なぜ取り上げるのかというと、もしご存じない方がいらっしゃったら、一応は知っておいていただいたほうがよいと思ったからです。

なぜなら、「地に足が着いていない」人があまりに多いからです。

それが常態となっている人もいます。それはすなわち、〝洗脳〟されやすい状態にあるということです。

「グラウンディング」とは文字どおり、「地に足を着ける」ということです。「肉体感覚をなくさないでください」ということです。

「当たり前だ」と思う方もいらっしゃるかもしれませんが、たとえば瞑想やイメージ・ワークなど、いわゆるスピリチュアル系の王道ともいえるメソッドを行なっているときに、この肉体感覚を喪失してしまうことはいろいろな意味で非常に危険なのです。

長年にわたり心身を練り上げていて、決して重心が浮くこともなく、瞑想は最後の仕上げに行なう……といった猛者であればグラウンディングの必要はないでしょうが、そのような方はまれでしょう。

グラウンディングのポピュラーな方法としては、「地球の中心をイメージする」「意識を地面に打ち込む」「足の裏が地に着いている感覚を味わう」といったところでしょうか。

その他、方法は無数にありますが、さほど面倒な作業ではなく、難しくもありませんので、覚えておいたほうがよいでしょう。

次に「丹田」ですが、丹田とは中国から伝わったとされる概念で、〝気〟を集中させて体感することができる、人間の体にある場所のことです。

頭部にある上《じょう》丹田、胸部の中《ちゅう》丹田、下腹部の下《げ》丹田の三つが有名ですが、一般的に「丹田」

という場合は、日本の武道などでも古来から重要視されている臍下《せいか》丹田、よく「へそ下三寸」と言われる場所で、下丹田のことを指しています。

つまり、おへそから指三本ぶん（約9センチ）ほど下の部分、その下腹の奥のところに位置しています。

解剖してもわからない場所なので、姿勢を前後左右に調整してみたり、あるいは肩の力を抜いて下腹から静かに声を出してみると、そのあたりに気（力）のようなものが集まるポイントがあり、そこが丹田になります。

大切なことは、丹田を体感し、その位置を記憶にとどめておくことです

気持ちが浮ついたり、地に足が着かないような状態のときに、その場所を思い出して意識するくらいでよいでしょう。

常時、丹田に意識を置くようにすると、かえってエネルギーが停滞してしまい、自分の雰囲気が重く、暗いものになってしまいます。

ちょっとした迫力は出るかもしれませんが、基本的には人に敬遠されてしまうので、お勧めしません。

丹田もグラウンディングと同じく、肉体感覚の確保に役立ちます。

肉体の重心のチェックポイントでもあり、運動機能の改善に役立つこともあります。〝元気〟

もここから湧き出てくるといわれます。

この丹田を意識することで、〝浮つく〟ことを防ぎます。

特にグラウンディングを行なっても実感が薄かったり、どこか頼りない感じがするときなどは、丹田に意識を置いてゆっくりと深い呼吸をしてみましょう。浮ついていたり、散漫だったりする気持ちがかなり落ち着いてくると思います。

では、グラウンディングと丹田を感じる具体的な方法を紹介します。

■グラウンディング（立っている場合）

1 姿勢を整え、なるべく楽な気持ちで、両足を肩幅くらいに開いて立ちます。

2 両足の裏をしっかりと地面に着けてください。そして、ゆっくりと呼吸をしながら、「体中がゆるむ」と心のなかで唱えて、体中の力が抜けて地面の中へと吸い込まれていくとイメージします。

3 足の裏が地面にべったりと貼りつき、めり込んでいくようにイメージします。

三番目のイメージができれば、グラウンディングは十分です。

しかし、ここまでできなくても、とにかく足の裏で地面をじっくりと感じてみましょう。

どのような感じがしますか？

それだけでも、かなりのグラウンディングができています。

■丹田を感じる

1　おへそから指三本分ほど下、下腹部の奥の真ん中あたりに、丸いボールをイメージします。そして、ちょうど体の中に収まるくらいの大きさにしてみましょう。

2　鼻から静かに息を吸い込んで、そのボールまで届かせます。届いたら、ゆっくりと息を吐きます。息を吐きながら、ボールを下腹部に軽く押し込みつつ、小さくしていきます。

ある程度ボールが小さくなって、おへその下に重みを感じられれば、それで十分です。

瞑想と肉体感覚

一般的に、「マインドフルネス」といえば「瞑想」というくらい瞑想が重要視されています。ちなみに、イーモアマインドクリエーション協会には瞑想という形のメソッドはありません。瞑想をしなくても、はるかに短時間で安全に「マインドフルネス状態」に入ることができるからです。

繰り返しになりますが、瞑想を含め、いわゆる変性意識状態に入っているときは、グラウンディングなどを行なって肉体感覚を確保していないと危険です。

通常に生活しているときの人間の脳波はβ波（14～30ヘルツ）といわれていますが、変性意識とは脳波がα波（8～13ヘルツ）、さらにθ波（4～7ヘルツ）になっているような状態です。

瞑想をすると脳波がα波になり、瞑想が深くなるにつれてθ波になっていきます。

こうした状態のときに肉体感覚が希薄だと、いとも簡単に暗示にかかり、マインドコントロールを受けてしまいますたとえグラウンディングや丹田をしっかり感じていたとしても、そういう状態のときに一定の条件を備えて暗示をかけると、その暗示は容易に潜在意識に侵入します。

一定の条件とは、たとえば「低くて静かな声で、肯定形で断定的なメッセージをゆっくりと力強く言う」などです。

イーモアマインドクリエーション協会のインストラクターは、講座やセッションのときにそういうことは絶対にしません。

どれだけ批判的精神に富んだ人であっても、そういう状態になっていれば、いかに否定してもメッセージは確実に潜在意識まで届いているからです。

もし瞑想的なメソッドをどこかで学んでいて、そこの指導者が上記のようなことを行なっているとしたら、なんらかの意図があってあなたを操作しようとしている可能性が高いので要注意です。

しかし、暗示を受けていたとしても、リミットブレイクマスターなどのメソッドを使えば、それを外すことができます。

また、東洋に古くから伝わるものに「禅」があります。

禅では、座禅を組んでいる僧の肩を「警策」と呼ばれる棒で強く打ちますが、なぜでしょうか？

つい居眠りをしてしまった僧の目を覚まし、戒めるという意味があるといわれますが、肉体感覚を取り戻すという意図もあるのではないかと思います。

禅僧が〝三昧《ざんまい》〟という状態に入っているときは、非常に高度な精神集中が行なわれています。

緊張感をはらみながらも、リラックスしているとでもいいましょうか、ある種「充実した無」「高密度のゼロ」といった状態であり、超繊細な肉体感覚に基づいています。

だからこそ、緊張がゆるんだり、感覚が消えたりして、心身の高度なバランスが崩れてしまわないように、ときどき警策を当てるのだと思います。

中には、ゆるみきってしまって、よだれを流したり、ひどいときには小便を漏らしたりする人もいるようです。

本人はとても気持ちがよいらしいですが、いったいどんな世界をさまよっているものやら実に危なっかしいので、警策で目覚めさせて、やり直しをさせるわけです。

瞑想系のメソッドを行なう際は、特に独習の場合は長時間は避けて、姿勢を正しくするなど、自分をチェックする研究をしなくてはならないと思います。

まだ慣れていないうちは、必ず経験豊富な指導者につくべきでしょう。

瞑想は意外と難しいのです。

Mindfulness Tapping

第二部

実践編

第五章　基本のタッピング

第二部では、マインドフルネスタッピングの実践の解説に入ります。

基本になるタッピングは、「**空手チョップ・タッピング**」と「**感情別タッピング**」です。

何ごとも「基本は極意に通じる」と言われますが、タッピングも例外ではありません。

古い衣を脱ぎ捨てて、新しく生まれ変わる第一歩は、これらのタッピングからはじまります。

空手チョップ・タッピング

空手チョップ・タッピングはマインドフルネスタッピングだけではなく、リミットブレイクマスターなどの上位のメソッドを含め、ほぼすべてのタッピングを行なう前によく使われます。

あまりにもシンプルなので、つい準備運動のように扱われてしまいがちですが、実は単独でも強力な効果を発揮する技法です。

やり方はきわめて簡単です。

方法と手順

①両手を「手刀」の形にします。

②両手の手のひらの小指側の側面を軽く、柔らかく、リズミカルに打ち合わせます。時間の長さはそのときの感覚にまかせますが、普通は数秒から十数秒です。心が整ってきて感覚が磨かれてくると、時間の長さもしだいに自分の直感で正確なことがわかってきます。手刀を打ち合わせる手の向きも、そのときの当人の感覚にまかせます。両手の手のひらを上にして、向き合わせるようにして行なうときもあれば、十字型に打ち合わせるときもあります。

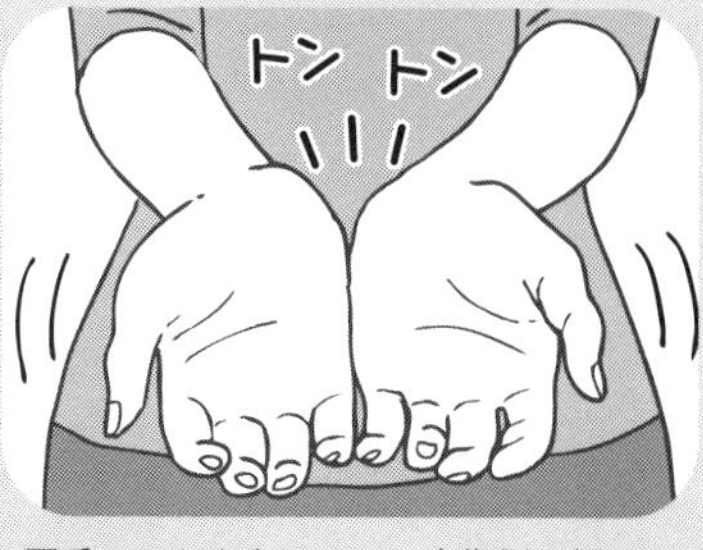

両手のひらを上にして、小指側の側面を軽く打ち合わせる例。

両手の手刀を十字の形で打ち合わせる例。

これだけです。

その所作が、俗にいう「空手チョップ」に似ているのでこの名称がつきましたが、特に意味があるわけではありません。

手のひらの小指側全体がポイントになっているため、経穴（ツボ）がどこにあるかなど事細かに探る必要はありません。

むしろ何も考えず、何気なく行なったほうが効果があります。

このタッピングは内臓の緊張がゆるむようになっているので、全身の気血の流れが改善されて正常に近づきます。同時に、神経系統の高ぶりが収まるために穏やかな気分になります。はじめのうちはこうした体感が得られなくても、やり方を間違えてなければ確実に体には響いています。

心の浄化が進むに従って、やがては体感できるようになるでしょう。

空手チョップ・タッピングに習熟するとさまざまな場面、特にリラックスの必要があるときなどに使えるのでとても便利です。

たとえば、大事なプレゼンの直前や試験前、スポーツ競技などの重大な場面などのほか、人前では上がってしまう人や電話が苦手な人など、緊張をほどきたいとき、気持ちを落ち着けたいとき、プレッシャーを感じているとき、居ても立っても居られないときなどにさりげなくこのタッピングを行ないます。

普段のタッピングでどこまで心が整えられているかにもよりますが、空手チョップ・タッピングは活路を開く即効のツールとなります。

感情別タッピング

第一部第三章の「三つの感情別タッピング」でも述べましたが、「感情別タッピング」は三つのマイナスの感情、①「**不安・恐怖**」、②「**怒り**」、③「**悲しみ**」に対して行ないます。

それぞれの方法を見ていきましょう。

●「不安・恐怖」のタッピング

自分が「不安・恐怖」、またはそれに類する感情を抱いた場面を思い出し、そのときの感情を改めて味わいます。

その場面を思い出したり、感情を改めて味わうことは、〝ある程度〟でけっこうです。

何ごともそうですが、はじめのうちは、いきなり過度に辛い体験や感情に対処することは避けましょう。

激しい場面については、だんだん慣れてきてから行なうことをお勧めします。

方法と手順

①「空手チョップ・タッピング」を行ないます。一五二頁にあるように、やり方や時間はそのときの感覚にまかせます。
②両手の指先をそろえて、人差し指・中指・薬指の三本の先端で、両目の下の柔らかい

部分を軽くリズミカルにタッピングします（叩きます）。これも時間は感覚にまかせますが、普通は数秒から十数秒です。極端に長すぎたり、短すぎるのは避けましょう。目の下はとても敏感なポイントですから、指先でもできるだけ指の腹に近い、柔らかい部分を当てるようにします。叩き方もやさしく行ないましょう。

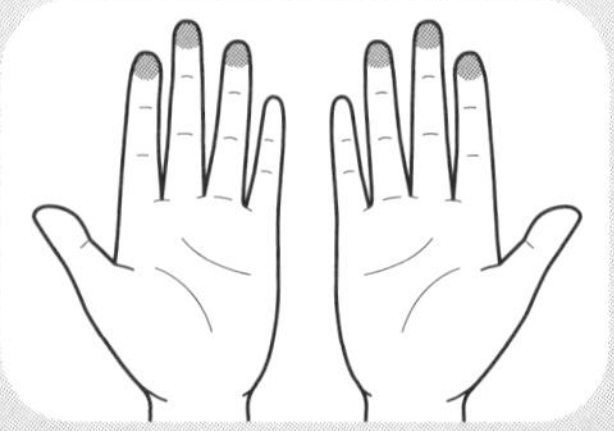

両手の人差し指・中指・薬指の先の腹の部分でタッピングする。

両目の下の柔らかい部分をタッピングする。

両手の人差し指・中指・薬指の先の腹の部分で、軽くリズミカルに数秒から十数秒タッピングする。

③続いて、同じく両手の人差し指・中指・薬指の三本の先端で、両鎖骨の下の柔らかい部分をタッピングします。これも数秒から十数秒行ないます。

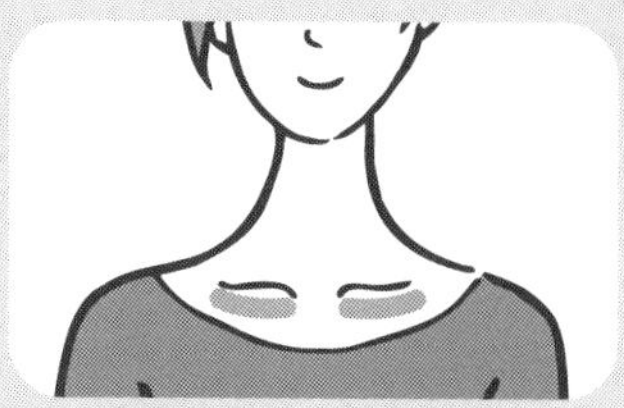

両鎖骨の下の柔らかい部分をタッピングする。

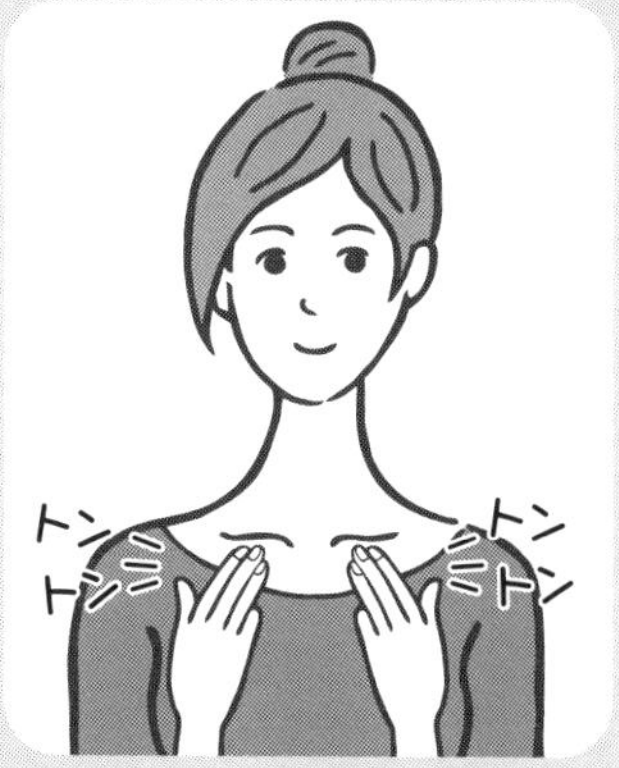

両手の人差し指・中指・薬指の先の腹の部分で、軽くリズミカルに数秒から十数秒タッピングする。

「不安・恐怖」は人間が抱くマイナスの感情の中でも、もっとも根源的で強力な感情です。

しかし私たちは、それらの感情を自分が溜め込んでいることに意外と気づいていません。

このあとに登場する「怒り」や「悲しみ」の感情は、わりとはっきりとした記憶をともなっていることが多いのですが、「不安・恐怖」の場合はより深く強いので、記憶を封印している（忘れていると思い込む）ケースもあります。

ただ、隠された感情を無理に探ろうとせずに、その場その場で浮上してくるマイナスの感情をタッピングで取り除く作業を続けていれば、やがて取り除くべき「不安・恐怖」が現われてきます。

そのときに手ひどいショックを受けるということは、このメソッドではまず起こりません。「不安・恐怖」を取り除くタッピングを身につけると、とても〝生きやすく〟なることに気づくでしょう。

普段、ちょっとしたことに感じる不安があれば、たとえそれがどんなに小さなものでも見逃さず、このタッピングを試してみることをお勧めします。

たとえば深夜、遠くのほうから人の声が聞こえてきて「イヤだな」と思ったとか、なかなか帰宅しない家族の身を案じているときなど、私たちはけっこう日常生活で不安を抱くものです。

タッピングを続けていくとエネルギーの流れがしだいに整ってきて、思考のクセが正され、いつの間にか同じようなことが起こっても、不安や恐怖を感じることがなくなってきます。いわば心が強くなるのです。

メンタルをタフにするというメソッドで努力をしても、なかなか難しいものがありますが、タッピングのようなソフトな方法だと気軽にできるし、意外と近道だったりします。

それまで心の働きを邪魔していたマイナス感情のエネルギーを取り除くだけで、心の働きの自由度は各段に上がるのです。

私は長い間、人混みが大の苦手でした。

人の多い場所に入ると、五分も経たないうちに居ても立っても居られないくらいの恐怖にさいなまれるのです。

満員電車などはまさに地獄で、一度、満員電車の中で激しい震えと発汗が起きてパニック症状に陥り、そのまま下車して病院に行ったことがあります。

しかし、タッピングをはじめてからは、〝いつの間にか〟気にならなくなっていました。

●「怒り」のタッピング

自分が「怒り」、またはそれに類する感情を抱いた場面を思い出し、そのときの感情を改めて味わいます。

はじめのうちは「不安・恐怖」のときと同じように、いきなりヘビーな怒りの体験や感情に対処することは避けます。

特に「怒り」は、自他を強く傷つけるパワーがある感情なので取り扱いを慎重にし、なるべく軽いテーマを扱って、少しずつレベルを上げていくやり方をお勧めします。

①「空手チョップ・タッピング」を行ないます。

②左手小指の爪の下の第一関節の脇、中指側のポイントを右手の人差し指の腹の部分で軽くリズミカルにタッピングします。時間は数秒から十数秒くらいですが、私はだいたい九回から十二回くらい行ないます。

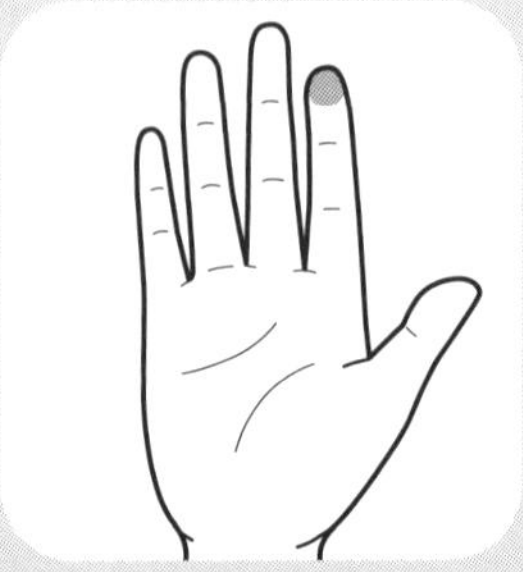

右手の人差し指の先の腹の部分でタッピングする。

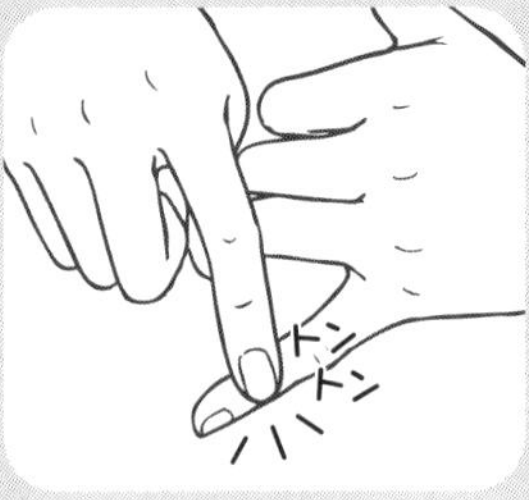

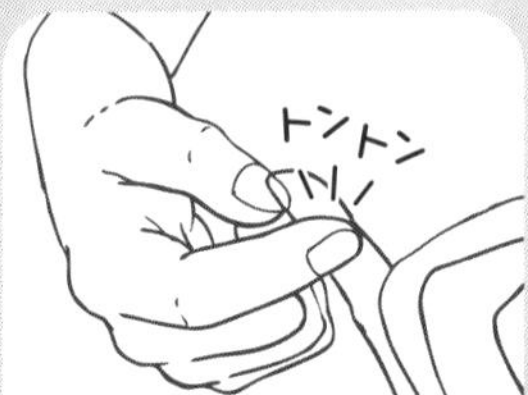

左手の小指の爪の下の第一関節の脇、中指側のポイントを右手の人差し指の腹の部分で、軽くリズミカルに数秒から十数秒タッピングする。タッピングの仕方はそのときの感覚にまかせる。二つのイラストはあくまで例。

③左手の手のひらの人差し指と中指の股の下の部分を、右手の人差し指・中指・薬指の三本の先端でタッピングします。これも同じように数秒から十数秒、回数にして九回から十数回行ないます。

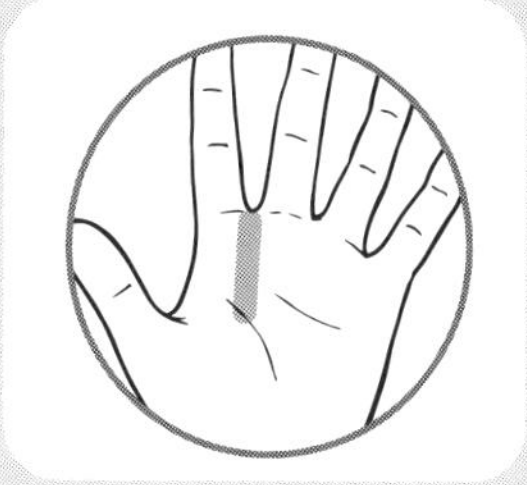

左手の手のひらの人差し指と中指の股の下の部分をタッピングする。

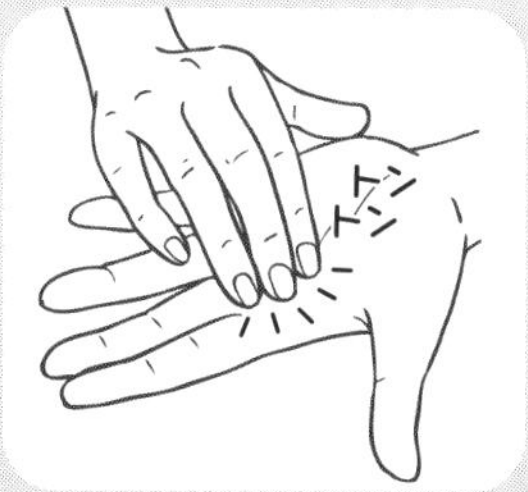

右手の人差し指・中指・薬指の三本の先の腹の部分で、タッピングする。

④最後に「不安・恐怖」のときと同じように、両鎖骨の下をタッピングします。

怒り狂っていてどうにもならないという状態には対処できませんが、タッピングをする余裕がある場合であれば、とても効果的なタッピングです。

しだいに慣れてくると、激しい怒りでもすぐに収めることができるようになります。そして、やがて怒らなくなってきます。

●「悲しみ」のタッピング

自分が「悲しみ」、またはそれに類する感情を抱いた場面を思い出し、そのときの感情を改めて味わいます。

「なんとなく憂うつ」という気分も悲しみであることが多く、また悲しみを取り除くと、その悲しみの原因に恐怖や怒りが隠されていることも多くあります。

それを他人のせいにしないで、あくまでも「自分の感情の一つ」として、クールにただただ取り除きます。

方法と手順

①「空手チョップ・タッピング」を行ないます。

②左手の手のひらの中指と薬指の股の下の部分を、右手の人差し指・中指・薬指の三本の先端で軽くリズミカルにタッピングします。次いで、薬指と小指の股の下の部分を同じようにタッピングします。いずれも時間は数秒から十数秒くらいですが、あまり短くなりすぎないようにしましょう。

③最後に両鎖骨の下をタッピングします。

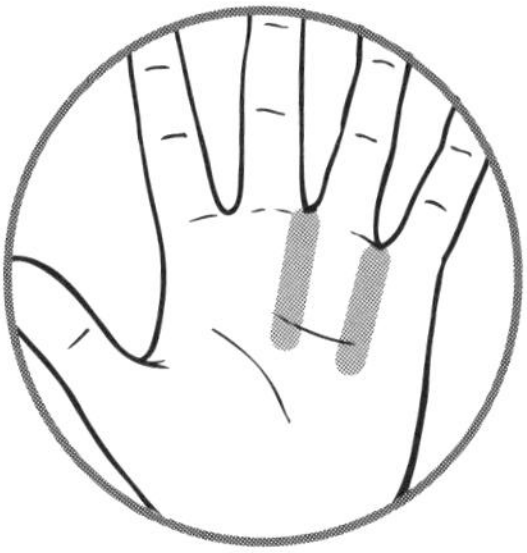

左手の手のひらの中指と薬指の股の下の部分、薬指と小指の股の下の部分をタッピングする。

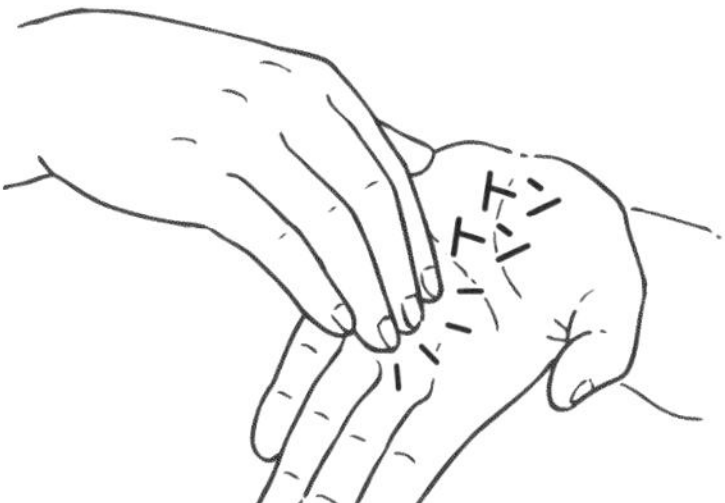

左手の手のひらの中指と薬指の股の下、次に薬指と小指の股の下の部分を右手の人差し指・中指・薬指の三本の先の腹の部分で、軽くリズミカルに数秒から十数秒タッピングする。

「悲しみ」のタッピングは、過去の「悲しみ」をはじめ「たった今」の「なんとなくブルー……」というときでも有効なので、身につけると便利です。

また、感情別タッピングはどのマイナス感情に対しても、それを感じたら即座にタッピングをして対処できます。

マイナス感情を数値化する

いずれのタッピングを行なうときも、現在のマイナス感情のレベルを事前に数値化することをお勧めしています。

10を最高値として、0から10まで直感で数値を決めておきます。厳密に決める必要はありません。

そして、タッピングを行なったあとに数値が変化しているかどうか確かめます。数値が1つでも減っていれば成功といえるでしょう。

はじめは「1しか減らなかった……」とがっかりするかもしれませんが、慣れてくると大幅に減るようになってきます。

しかし、「1つも減らない」「数値に変動がない」というのも不成功ではありません。なぜ減らないのか、変動がないのかをチェックする貴重な機会なのです。

やり方を間違えたのか、ちゃんと「怒り」の場面にフォーカスできていたのか、本当は数値は変動していたのに認めたくなかったのかなど、いろいろと自分を見つめることになります。

慣れないうちはすぐには難しいでしょうが、数字の変動一つとっても、自分で気づかないこと、自分で自分に隠しているなんらかの要素や原因があることがわかってきます。

そこに学びがあり、進歩があります。

また、はじめのうちはまれに、「タッピングをしたのに数値が上がった！」ということもあります。

7だった怒りが10になった――タッピングをしたことで、かえってマイナスの感情値が高くなってしまったというケースです。

こういう場合は、ほぼ間違いなく、タッピングをしているうちに最初に扱っていたテーマから離れ、何か別のもっと強い怒りを感じたテーマに移っているのです。

たとえば、最初は「職場のAさんにイヤミを言われたときの怒り」を扱っていたのに、いつの間にか「学生時代に母に腹を立てたときの怒り」を思い出していた、などです。

別にどこかに欠陥があるわけではなく、「怒りに目がくらむ」という表現があるように、「怒り」の感情はそれくらい人を盲目にさせる力を持っているのです。

ですので、先にも述べましたが、小さなテーマから取り組むようにしましょう。失敗したとしても、またやり直せばよいのです。

少しずつ進んでいけば、いずれは自分の中の「怒り」が確実に消えていきますから、テーマを逸れることもなくなります。

複数の感情が一つになる

私は、幼いころから周囲に「やさしい」と言われ続けていたため、自分でも「ぼくはやさしい」と思い込んでいました。

そのうち長期にわたってうつ病を患うようになり、体も壊したことは第一章で述べました。ですので、最初にタッピングを行なったときは、うつ病に対処するには「不安・恐怖」や「悲しみ」のタッピングが有効と見当をつけていたのですが、なかなかうまくいかず、いつまで経っても終わりがないように思われました。

しかし、はじめは誰でもどの感情に手をつけてよいかよくわからないものです。

私にしても、「これは一生かかっても終わらないかもしれない……」と途方に暮れた覚えがあります。

それでもメソッドを信頼して、取り越し苦労もやめて、少しずつ淡々とタッピングを行なっているうちに、私の実際の問題は「怒り」であることに気づいたのです。

私は周囲に〝やさしい〟と評価されたいばかりに、ずっと自分を抑え続け、心の中に膨大な量の「怒り」を溜め込んでいたのです。

私は心というものの〝空恐ろしさ〟を知りました。そして、感情というものはそれぞれが独立していないことがわかりました。

考えてみれば当たり前のことかもしれませんが、さまざまな感情が混じり合って一つになっているのです。

たとえば「怒り」にしても、純粋な混じり気なしの「怒り」というものはありません。過去のある場面の「怒り」の記憶があるとしても、同時に「悲しみ」や「不安」、それらに類する「孤立感」「情けなさ」「やるせなさ」等々を感じているわけです。

ところが「怒り」のタッピングでは、まずは過去に「怒り」を感じた場面を思い出しますが、それは自分の中で「怒り」として一つにくっついているからです。

そのため、タッピングでそのときの「怒り」を取り除いていくと、本来は同時に感じていたはずのほかの感情も、自動的に取り除かれてしまうことになります。

ゲームにたとえれば、その場面の〝ボスキャラ〟が「怒り」です。ボスキャラを倒せば、ほかのザコは消えてしまうという感じでしょうか。

ですので、とりあえずは淡々と「怒り」のタッピングを行なっていれば、意外なほど早く、効率よく心の浄化が進むことを知りました。

自分の中から「怒り」が抜けて理解できたことは、「怒る」ということはいかに労力を必要とし、いかに自分の体に負担がかかっているかということです。

「怒り」を取り除いていくうちに、私は人に対して本当にやさしくなることができましたが、興味深いことに、そうなると〝本当に怒る〟ということもできるようになります。

ただし、めったにそういうことも起きません。

「思い込み」のタッピング

これまで基本のタッピングとなる「空手チョップ・タッピング」、三つの「感情別タッピング」を見てきました。

タッピングは、マイナスの感情と思い込みを取り除くメソッドであることはすでにお伝えしていますが、基本のタッピングに加えてもう一つ重要なタッピングは、**「思い込み」のタッピング**です。

しかし、人間は誰でも何かしらの思い込みがあるので、思い込み自体がわるいというわけではありません。

タッピングで取り除くのは、自分が幸せに生きることを邪魔している思い込みです。

ほとんどの人がいつの間にかヘンな思い込みを持つことになり、そのせいでヘンな方向を選択して自分を苦しめたりします。

たとえば、幼少時に親から、「○○さんにだけは負けてはいけません」と言われたことを堅く守って、職種も違えば人生観も違う「○○さん」を常にライバル視して競い合っている……というようなことです。

いつまでも密かに「○○さん」の動向を気にして、「自分のほうが早く結婚した」とか、「自分の息子のほうがよい学校に入った」などと比べているとすれば、もはや誰の人生なのかわからなくなっている状態です。しかも、当人はそのことに気づいていません。

でも、こうした例を笑えないくらい、誰もが意外にヘンな思い込みに囚われているものです。

私もわけのわからない思い込みを山ほど持っていました。

たとえば、その一つに「男らしく生きなくてはならない」というのがあります。この思い込みのためにどれほど苦しんだことか……。

タッピングでこの思い込みが外れたとたん、自分はけっこう料理や掃除などの家事が好きで、スイーツやかわいい小物を欲しがるという〝女子力〟が高いことがわかりました。

そのことを自分で素直に認められると、以前よりも人に受け入れられやすくなり、人生が楽になりました。

不思議なことに、〝男らしく〟という思い込みが外れて〝自分らしく〟なると、いろいろな方から「あなたは男性的ですね」と言われる機会が増えたのです。

自分にさまざまなことを課して〝男らしく〟振る舞っていたときは、誰ひとりとしてそんなことを言う人はいなかったのですから、人生とはおかしなものです。

でも、そもそも自分にどういう思い込みがあるのか、まったくわからないという方もいらっしゃるでしょう。私も最初はそうでしたし、思い込んでるからこそわからないのです。

心配はいりません。これまで見てきた基本的なタッピングを行なって、気になる感情を取り除いていくだけでOKです。

「思い込み」のタッピングとしては、特に「不安・恐怖」のタッピングが効果が高いでしょう。

そして、心がクリアになっていくにしたがって、自分が取り除くべき思い込みが自然に見えてきますし、やがては〝自分らしさ〟や、ついには「自分の生き方」が見つかってくるのです。

第六章

マインドフルネスタッピングの活用例

マインドフルネスタッピングは、いつ、どのようなときに行なえばよいのか？
ここでは具体的な例をあげて、タッピングの活用法を紹介していきます。

スポーツ競技、受験、プレゼンなどの直前で緊張しているとき

タッピングを身につけていると、こうした重要な局面で絶大な威力を発揮します。気休めや暗示的なものとしてではなく、本当に効きます。

とはいえ、〝おまじない〟のような気分で行なっても問題ありません。むしろ効果的でしょう。

実は、〝軽いノリ〟というのはけっこう大事です。呪文を唱えたり、印を結ぶような感覚でやるのもアリかもしれません。

自分の人生を左右するような場面であれば、誰だって〝不安〟になったり〝恐怖〟を感じるなど、マイナスの感情に襲われることがあるでしょう。

そういうときに、「日ごろの修養の成果を……」などと頭の中で精神論を展開しても意味がありません。

まずは、浮上してきたマイナスの感情をタッピングでただちに取り除く作業にかかることです。

理想をいえば、普段から自分の心と向き合う習慣を持っていれば、こういう〝いざ〟というときはなおさらタッピングが頼りになります。

なぜなら、「今、〝核〟となっているマイナス感情は恐怖だ！」と瞬時に見抜き、即座にピンポイントで取り除くことができるからです。

短時間で完全には取り除けなくても、淡々とタッピングを行なって自分を見つめているだけでも、本番では意外なくらいにうまく力を出せたりします。

体にアプローチする（凝りをほぐすなど）より、心にある原因を取り除くほうが、はるかに早くリラックスできるのです。

金運を上げたいとき

第三章でも述べましたが、マイナスの感情や思い込みを取り除く作業を続けていると、基本的にかなり早い段階から金運が好転する現象が生じます。

自分の中のエネルギーの循環が改善されていくにつれて、自分を取り巻くさまざまな外部のエネルギーも同調して改善されるからです。

余談になりますが、それまでの人生では自分に向き合う作業をしてこなかった方が、タッピングによってそういう作業に取りかかりはじめると、いきなり大きな〝臨時収入〟が訪れるというケースが多く見られます。

不思議なことですが、「宇宙からのボーナス」とでも受け止めてください。ただ、何度も続くものではありません。

また中には、「これまでお金儲けをしたくて、さまざまなスピリチュアルな方法を試してきたけどうまくいかなかった。だから今度は、タッピングのメソッドを使って大きく稼ぎたい！」という方もいらっしゃるかもしれません。

そういう方にまず申し上げたいことは、どうして多額のお金を稼ぎたいという思いがあるのか？　ということです。

そこを見極めるのが第一段階となるでしょう。

「年収○円になりたい！」など、お金持ちになることを〝夢〟として掲げている方の多くは、ただ漠然と大きな数字を口にしているだけという場合があります。

マインドフルネスタッピングを継続することで、しだいに明らかになってくるものの一つに自分の〝天命〟があります（一一七頁参照）。

自分の天命に沿った方向に向かっていけば、たいていの物事はうまく進むようになります。たとえ困難が待ち受けているとしても、それを乗り越えて生きていくことができるのです。

お金の問題というのも、いわば生き方に付随してくることです。だから、天命に沿っている生き方をしていれば、経済的に困ることはないはずです。

タッピングのメソッドはそういう生き方を応援し、また応援を引き寄せる力を生み出してくれます。

ただ多額のお金を稼ぐことだけを天命として、この世に生を受けたという人は、おそらくいないのではないかと思います。仮にいたとしても、かなり特殊なケースではないでしょうか。

タッピングでマイナスの感情や思い込みを捨てていくうちに、それまでの価値観や人生観などがもっとも自分に適したものに変容します。

その過程において、強烈な金銭欲を持ち続ける人はほとんどいないと思います。

余計な欲望は適度なレベルになるまで消えていきますから、もし「多額のお金をガンガン稼ぎまくりたい！」というモチベーションを維持したり強化したいのであれば、むしろマインドフルネスタッピングのメソッドは避けたほうがよいでしょう。

免疫力を上げたいとき

シンプルに効果があるのは、空手チョップ・タッピングです。

心身をともにゆるめてエネルギーの循環を活発にしますから、免疫力のアップにつながります。

しかし、どうせなら「基本のタッピング」を普段から行なって、マイナス感情を取り除いていくとよいでしょう。

マイナス感情が減少すると、風邪をはじめ病気にかかりにくくなります。また雑念も減るので、脳が適切な休憩をとれるようになるにつれて免疫力は上がっていきます。

なぜなら、脳を休ませることができれば自律神経が整うからです。

わかりやすく言うと、日常生活における〝気持ちのよい〟状態が、今よりずっと増えるということです。タッピングをすると、そうなります。

将来に対する漠然とした不安があるとき

具体的な不安の対象がないぶん、なかなかやっかいなものともいえます。

こういうタイプの不安を感じたら、すぐに「不安・恐怖」のタッピングを行なうことをお勧めします。

淡々とタッピングを続けていくうちに、不安が日増しに減っていくことを実感できるでしょう。

そして「今を生きる」ようになります。

昔から「取り越し苦労はよくない」と言われますが、頭ではわかっていても、「やめよう」と思ってすぐにやめられるものではありません。

特に頭を使ってあれこれイメージするような解決法だと、成果が上がらないと自分を責めたり、自己卑下につながる場合もあるので、かえって不安が増してしまいます。

取り越し苦労がはじまったとわかったら、ただちにタッピングをして消していきましょう。

結局、具体的な方法を通して効果を体感できるメソッドが、一番の解決への近道なのです。

素敵なパートナーと出会いたいとき

マインドフルネスタッピングは、パートナーを求めている方にとっては強力なツールかもしれません。

タッピングをすれば必ずモテる……とまでは言いませんが、少なくとも異性を前にしてことさら自意識過剰になることはなくなります。

パートナーとのご縁に恵まれないケースでとても多いのが、この自意識過剰なのです。

異性を前にすると妙に構えてしまったり、ついカッコつけたりという不自然な態度が出てしまって、うまくいかないということです。

でも、タッピングを行なえばこうした態度はとらないようになり、だんだんと無理なく自然体に近づいて〝ありのままの自分〟を表現できるようになります。

「本当にそうなればよいけど、自分はシャイだから……」と思われる方もいらっしゃるかもしれませんが、ただ自然にそうなってしまいます。

いわゆる「身についていく」ことになって、体が勝手に覚えてしまうのです。エネルギーの学びとはそういうもののようです。

気がついたときには、いつの間にか異性の前でも堂々としている自分がいることでしょう。

また、タッピングを続けていると、それまで自分の〝タイプ〟であったはずの異性が、そうではなくなることも多いようです。自分が本当に好ましく思っているタイプが見つかるからでしょう。

そうなると、今度は思い通りのタイプの人が実際に現われてご縁ができる……という流れが出てくるのです。

具体的な例を一つあげます。

自分では新しい縁を求めていながら、異性に対して苦手意識を持っているケースがよくあります。

その場合、もっとも近い過去で異性に苦手意識を感じた場面を思い出します。なるべく受けたダメージが軽度なものからはじめます。

そのときのマイナス感情にタッピングでアプローチします。

おそらく、次々と類似した場面が出てくると思いますが、うんざりせずに丹念にタッピングを行なっていきます。

すると最終的には、自分の肉親の異性のどなたかに強いマイナス感情を持っていることがわかるでしょう。その感情をタッピングで消していきます。

実際は、肉親にたどり着く前に異性への苦手意識はかなり払拭されて、いつの間にか素敵な出会いを得ていることが多いでしょう。

家庭内を円満にしたいとき

家族という関係は人間関係の中でも濃いものであり、特別な〝縁〟で結ばれています。

天涯孤独だったり、家族との縁が特別薄く生まれついた方もいらっしゃいますが、ほとんどの方は家族と濃密なつき合いをしながら、数々の苦悩を経験するものです。

マインドフルネスタッピングを学びに来られる方たちは、それぞれに問題を抱えている場合が多いですが、家族の誰かとうまくやっていけないことが大きな原因となっているケースもめずらしくありません。

家族との関係が原因となっている場合、いろいろ細かいことが複雑に絡み合っているので、ここでは基本的なポイントだけを述べます。

たとえば配偶者とうまくいかない場合、自分が相手に対してどのようなマイナスの感情を持っているかを見ていき、湧き上がってくるそれらの感情をタッピングで次々に取り除いていきます。

そうして相手へのマイナスの感情が減っていくぶんだけ、関係が改善されていきます。

昔から「人は自分の鏡」と言われますが、意識的か無意識的かはともかく、その人を見たり、考えたりしたとたん放射されていた対立感情がなくなると、相手のほうもこちらとぶつかる感情を持たなくなってしまうのです。

対人関係というのは表面的なやりとりよりも、実際は目に見えないエネルギーの交流部分がほとんどを占めています。

スピリチュアルの世界では、「人を変えるには、まず自分が変わること」とよく言われていますが、人間関係の目に見えない仕組みや構造をよく理解して、無理をしないようにしましょう。

うつ病のとき

第一章で述べた通り、私は長い間うつ病でしたので、ご参考までに私の体験を紹介します。

一口にうつ病といいましても、ただ精神的に落ち込んだり、憂うつであるというばかりではありません。

私の場合、ほとんどゾンビ状態だった重度の時期を含めて、三十年以上も苦しめられてきたため、自分のうつ病を形成しているものがいったいなんなのか、まったくわからなくなっていました。

もっともそのために医師も的確な分析ができず、対処に困っていたのかもしれません。

正直に言えば、私のようにこじれたケースでは、マインドフルネスタッピングだけでは完全には対処しきれませんでした。

つまり時間がかかりすぎてしまうのです。そうなると仕事に支障が出てくるため、ほかのメソッドを併用する必要がありました。

私はタッピングによってかなり改善されたところで、リミットブレイクマスターとエネルギーマイスターを併用しましたが、特にリミットブレイクマスターには助けられました。

両メソッドに関しては二〇七頁で少し紹介しますが、結論からいうと、タッピングに費やす時間が大幅に短縮されました。

また私の場合、とにかく悩みが多すぎたことがかえって幸いしたように思います。

というのも、私はすでに五十代に突入していましたから、うつ病以外にも経済面や人間関係、仕事のことなど、煩わしいことが雪だるまのように膨れ上がっていたのです。

そのため若いころとは違って、「うつ病を治したい」という思いに専念することができませんでした。次から次へと浮かび上がってくるマイナス感情を、ひたすらタッピングで取り除いていく――それだけで精一杯だったのです。

ところがそうしているうちに、本当に自分を取り巻く環境が好転していったのです。そして何よりも気持ちがよい。単なる気分ではなく肉体的な実感があります。

それまでは何をしても取り除くことができず、もはや自分と一体化していた胸のしこりのような感情の塊りや、頭痛、腰痛という形で常態化していた「怒り」などが、どんどん消えてなくなっていきました。

私はそうしたマイナスの感情や思い込みが消えていくたびに、まるで生まれ変わっていくような心地よさを感じました。

常に目の前にあった〝困ったこと〟が解決していくうちに、あれだけしつこかったうつ病がいつの間にか消えていた……というのが正直な感覚です。スピリチュアル的な言い方になりますが、今では私にとってうつ病とは、それをどうやって克服するかという人生の大きなテーマの一つだったのかもしれないと思っています。

内臓疾患（肝炎・膵炎などの炎症）があるとき

このテーマも第一章の繰り返しになりますが、私の場合、うつ病の副産物のようなものとして肝炎と膵炎になりました。

副産物にしては実に辛いもので、被った被害や苦痛の大きさは相当なものでした。私はもともと眠ることが難しい人間でした。うつ病になってからは特にそうなり、かなりの量の睡眠薬を飲まなくては睡眠を確保できませんでした。

当然、睡眠の質はわるいし、しかも眠りが長時間に及ぶので目覚めのキレもわるく、二度寝、三度寝はしょっちゅうでした。

ところが、タッピングを開始してから、ほぼ一カ月で楽に眠れるようになってきたのです。

当時はまだ睡眠薬は使用していましたが、どんどん眠ることが〝うまく〟なり、医師と相談しながら投薬の量を減らしていきました。

結果的に睡眠薬を完全に止めるまで一年を要しましたが、実感としては、タッピング開始からほぼ二カ月で、「眠れなくて困る」という状態からは脱した記憶があります。

今では就寝して目を閉じれば、ものの数分で深く眠れます。

このように私の場合はうつ病によって睡眠障害が進み、薬物投与の量が増えた結果、肝炎や膵炎になったので、一般的な内臓疾患のケースとは多少異なるかもしれません。

実際、タッピングによってうつ病から回復するにつれて、内臓疾患も消えていきました。タッピングを開始して四カ月ほどで膵炎が消え、六カ月で肝炎が消えました。

心の中で複雑に絡み合ったマイナスの感情や思い込みをタッピングで解きほぐし、捨てていく——この作業を繰り返しているとエネルギーの流れが正常化します。エネルギー自体が本来の強さを取り戻すのです。

そうなれば自然とライフスタイルが変わり、生活習慣も改善されるため、内臓疾患の種類にかかわらず病気自体が遠ざかるようです。

ちなみに「感情別」タッピングのいずれを行なっても、わずかな刺激で内臓にリラックスをもたらす効果があります。

エネルギーを高めたいとき（波動を上げたいとき）

「気」や「エネルギー」というものの根本は〝心のあり方〟にあるようです。

マインドフルネスタッピングは、まさに心のあり方を改善させるメソッドであり、結果的にエネルギーの質・力・循環などが高まります。

別の言い方をすれば、「波動が上がる」のです。

一時的でも喜びの感情を発すれば波動は高くなりますし、服装などの〝見た目〟を整えても波動は上がります。しかし長続きしません。

心をクリーニングしないかぎり、一時的な努力だけでは継続も習慣化も難しいものです。

心の奥の潜在意識がドロドロ、イガイガしたものでいっぱいになっているのに、いつもニコニコすることはできません。

地道なタッピング作業で心を整え続けていれば、自然に波動は上がっていきます。

人のエネルギーは、マイナス感情を除去して、根元へとたどればたどるほどマイナス方向のものはなくなっていきます。

波動が上がれば喜びや笑いの場面が増え、それぞれの場面がさらに喜びや笑いを呼んで、幸せは大きくなるばかりです。

基本的には、どのタッピングを行なっても自動的に波動は上がります。波動を下げている原因がなくなっていくのですから、当然です。

場合によっては一時的にでも、すぐに大幅に波動を上げたいということもあるでしょう。そういうときには「空手チョップ・タッピング」をお勧めします。

このタッピングは、上ずった心を落ち着かせて内臓の機能を整え、平常心を取り戻す効果があります。

「波動を上げる」というと、何か気持ちを〝盛り上げる〟ようなイメージがありますが、自分にムチ打って盛り上げようとするよりも、心を静かに落ち着かせて、より自然体に近づいているほうが、実は波動は高くなっているのです。

ストレスフルな人間関係を解消したいとき

タッピングで波動が上がることはすでに述べました。

波動が上がるとどうなるのでしょうか？

「類は友を呼ぶ」と言われますが、私たちは自分と同じレベルの波動やエネルギーを放っている人と近しい縁ができます。

「あの人が苦手……」「あの人とは合わない！」と思いながらも関係が続いている場合は、自分が相手と同じレベルであることが多いようです。自分では認めたくないような自分の心のある部分が、その人と波動的に同期していたりします。

つまり、「イヤだな」と思ってる相手と同じレベルの波動を、自分も放っているということです。

そういうときはタッピングを行なって、イヤな相手をなんとなく思い浮かべ、そこで浮かんでくるマイナスの感情（ムカムカする、げんなりするなど）を次々に取り除いていくだけです。

すると相手とシンクロする部分がなくなっていくため、ある日、自然に縁が切れてしまいます。実際に経験してみると驚くほど呆気ないものです。

そして、かつては眠れないくらいに心を煩わされていた相手のことがどうでもよくなっています――新しい人生を踏み出しているのです。

あと、エネルギーの質が異なるので同期するはずがないと思われるような相手ながら、なんらかの事情によって縁が切れない相手という場合もあります。たとえば家族、親族などです。

どれほどタッピングをしても縁が切れないときは、まだ相手に執着しているということです。

表面上は相手と離れたがっていても、まだ手放しきれなかったり、相手をしっかりととらえてしまっているのです。

「あのときの思いは忘れない」といった相手の仕打ちに対する復讐心などがあると、強い執着になります。

執着はなかなかやっかいですが、溜め込んできたマイナスの感情を少しずつでもよいので取り除いていくことで解決に向かいます。

そのときのコツとしては、自分はどうしてその人に執着しているのか、自分の中にある原因をなんとなく見極めるようにします。

すると、そのうち「相手は○○な人だから」「○○したからわるい」など相手の中にある原因ではなく、相手から離れられなくしている自分の中の原因がわかってきます。

その原因にアプローチしていけば解決していくのです。

私の実体験から例をあげます。

第一章でも少し触れましたが、私は長い間、かなり特異な性格を持った同い年の男性に悩まされました。

彼は私の「親友」を〝自称〟していましたが、実際のところは、友だちの顔をして近づいてきて、妨害ばかりしては私の破滅を願っているような人でした。

どうしても彼との縁は切れませんでした。タッピングを学んでからも切れないので、かなりの難物といえます。

タッピングでは、相手がこちらをどう思っているかは関係ありません。

あくまで自分が相手に抱いているマイナスの感情を取り除くのですが、いくらタッピングをしても相手は平然とコンタクトしてくるのです。

いろいろと思案した結果、法的手段などのタッピング以外の方策を探りはじめたころ……

突然、私は気づいたのです。

私は彼を通して、人間心理の洞察を含め、タッピングを応用した実践的な対処法など、実に多くの〝学び〟や〝気づき〟を得ていました。

今まで気づくことができなかった〝自分〟というもの、その自分の人生のテーマとはいったいなんなのか、そういうことへの理解がいつの間に深まっていることを知りました。

すると、彼に対する感謝の気持ちがあふれるように湧き上がり、私は抑えることができませんでした。

同時に、その日以来、彼からのコンタクトはいっさいなくなったのです。

認知症を予防したいとき

マインドフルネス状態を体で覚え込むと、認知症の予防に大いに役立つようです。

マインドフルネス状態は、酷使されている脳が休息している状態です。

脳にとって最大かつ最高の休息は質の高い睡眠ですが、現代社会ではその睡眠が確保できなくなるほど脳が疲れている人が多いのです。

タッピングのアプローチでマインドフルネス状態に徐々に近づいていく、つまり気持ちのよい体験を繰り返すことによって質の高い睡眠を実現できるようになります。

マインドフルネス状態がなぜ認知症の予防につながるのかというと、最新の医学では、脳の酷使が認知症の大きな原因ではないかという説が有力だからです。

私も個人的な体験から、それは正しいと思っています。もちろん認知症の原因はほかにもたくさんあるでしょうし、それぞれに対処していくしかありません。

ここでは、脳の酷使が大きな原因の一つであるということでお話ししています。

脳でもなんでも、酷使され続ければ壊れてしまいます。特に脳を休ませるにはどうしたらよいかということで、急速に発展してきたのがマインドフルネスの分野です。

ただ、瞑想を主体としたメソッドはなかなか習得が難しく、継続できない場合が多いようです。

その点、タッピングはこれまで述べてきたように非常にシンプルなメソッドです。

マイナスの感情を取り除いて捨てていくという作業だけで、理想的なマインドフルネス状態に近づきますので、認知症の予防の一助にもなるでしょう。

脳の酷使による脳疲労の原因は、〝考えすぎ〟にあります。論理脳である左脳が働きすぎていて、バランスを崩している状態と考えられます。

一つの考えが頭の中で堂々めぐりをしていたり、頭の中のおしゃべりを止めることができないといった状態は、完全にバランスを失っているといえます。

このようなときはどのタッピングでもよいので、マイナスの感情を捨てていくことです。タッピングを行なっているうちに、いつの間にか、何も考えずにボーッとすることができるようになります。

そうなるとやがて心の平静が取り戻され、左脳と右脳のバランスがとれてきます。マインドフルネス状態に近づくのです。

マインドフルネス状態の感覚をつかめるようになれば、かなり認知症を予防することになるのではないでしょうか。

深い瞑想のメソッドをときどき求めるよりも、普段からシンプルに継続して実行できるマインドフルネスタッピングをお勧めします。


以上、タッピングを活用するときの主な例を取り上げましたが、ほかにも多くの機会があるでしょう。

まずは、自分に必要だと思われるタッピングを行なって、あとはそれぞれの実体験に応じて理解が深まっていくと思います。

今、ある状況に翻弄されているとしても、その状況はあくまで外部の現象にすぎません。外部の現象は自分の内部から生じています。

向かうべきはそのときの自分の心であり、その心を乱してパニックを起こさせようとしている自分の感情です。

マインドフルネスタッピングでその感情に対処するのです。それだけです。

そして、信じられないくらいにクールで頼りがいのある自分に出会うことになるでしょう。

タッピングを行なうことに深刻な決意も何も必要ありません。あせらず、コツコツと、気軽に進めていってください。

実際、そのほうが効果も大きいのです。

コラム

イメージ療法の注意点

マイナスの感情や思い込みを取り除く方法は、もちろんマインドフルネスタッピングだけではありません。

たとえば、体に触れることなくイメージを使う方法があります。ポピュラーなものとしては次の通りです。

1　まず、過去にマイナスの感情を感じた一場面を思い出します。

2　次に、そのときの感情をできるかぎり再現させて、味わい尽くすようにします。

3　感情の波がある程度収まったところで、自分が感じているマイナス感情を見つめるようにします。あたかもカメラで写しているかのように自分を客観的に見つめ、見守ります。そのままマイナス感情が消えるまで続けます。

イメージだけを用いる方法がわるいということではありません。

ただ、長い間、多くの病気に苦しめられてきた私の経験からいうと、イメージだけを用いる方法では大きなマイナス感情には対処しきれないと思います。

手ごわいマイナス感情に対処するために意識を〝深掘り〟していくことは、傷口に手を突っ込むようなものなので、かえってこじれてしまったりします。

私は〝深掘り〟の手法として、瞑想、カウンセリング、内観（長時間にわたり、自分の過去を振り返って観察する方法）、瞑想などを経験しました。

しかし、私がいたらなかったのでしょうが、いずれもはかばかしい結果を生むことはありませんでした。

特に瞑想にはしっくりくるものがなく、今の多くの瞑想的行為に対しては危険視せざるを得ません。

たとえば、心身も呼吸も整った結果として瞑想状態に入っていき、ふと気づいたら時間を忘れていた――というものであればよいのですが、心身や呼吸を整えるということ自体が非常に難易度が高く、そう簡単にそこまで達することはできません。

しかし、ちまたに流布している瞑想メソッドの多くはもっと〝お気楽〟なもので、姿勢の取り方やインスタントなリラックス法に終始しているようです。

中には、最初に「今日は一時間座る」といったノルマのような目標を立てて、歯を食いしばって集中するというものもあります。

いずれにしても、間違った瞑想は心身のバランスを崩したり、場合によっては〝魔境〟に入るなどのいろいろな災難を招く可能性があります。

もちろん、禅の瞑想のように長年の歴史と道統があり、蓄積されたデータやノウハウが豊富なメソッドもありますが、一般的な方法とは言い難く、例外としてよいでしょう。

今は、普通の人が我流で瞑想を行なっていく危険性について述べています。ましてや、それを人に指導するとなるとますます危険度は増します。

私はかつて、ある指導者から瞑想を学んだことがあります。

ところが、続けているうちに体調を崩してしまったのです。しかし欠席することは許されず、継続を強いられて実に恐ろしい思いをしたことがあります。

あとで知ったことですが、その指導者に学んだために再起不能のようになった方が多数いたのです。

ほかのメソッドでも、見たくもない自分の暗部を辛い思いをして凝視したり、ノートに書き出したり、ときにはそういう〝掘り起こし〟の作業から逃げないために、人里離れた場所でキャンプ生活をしたり、合宿のようにして閉じこもったり……というアプローチもあります。

マインドフルネスタッピングが安全である理由の一つに、「タッピングをする」という行為自体があります。

自分で自分の体のごく一部を軽く叩くだけですが、この行為があるおかげで意識がほかに逸れることもなく、集中力が適度に保たれているのです。

また、タッピングをすることで、全身のエネルギーの流れが自然に整って改善されていきますので、効果はさらに高まることになります。

タッピングのメソッドは、その方法も種類もシンプルなので、誰にでも取り組みやすいという間口の広さもメリットです。

どうぞ、お気軽にお試しください。

終章　幸せが最高の解決策

人はみな幸せになりたい

人は誰でも「幸せになりたい」と思っています。

しかし、中には「私は思っていない」と言う方もいらっしゃるかもしれません。また、「怒りや憎しみを原動力として生きている」と言う方もいらっしゃるでしょう。

そういう方たちは、単に〝混乱している〟ということが多いようです。

なんらかの感情に囚われて、その感情に突き動かされているのです。自分の頭で考えているつもりでも、実はそうではないという状態です。

多くの人々が大なり小なりそのような状態で生きています。

しかし、それほど大げさなことではなく、誰でも夢やお金、地位、異性のことなど、〝少し遠くにある何か欲しいもの〟のほか、日常でも「夕ご飯は何にしようか」「戸締まりは大丈夫だったか」など、多くのささいなことに心を移し、そこに囚われながら過ごしているのではないでしょうか。

つまり、〝今ここ〟には生きていません。

心が未来や過去の一点に飛んでしまって、今ここにいる自分を生きていないのです。

そういう状態のとき、人は弱くなります。

マインドフルネス状態にはほど遠く、さまざまなマイナスの感情が妄想とともに押し寄せて、何ごとも自分の意のままにならず流されていきます。

そうして主体的に生きることなく時を過ごしているうちに、〝幸せ〟とはどういうものだったのかを忘れてしまいます。

その結果、〝夢を追い続ける〟ことにますます固執したり、〝過去を悔やむ〟時間ばかりが増えていくことになり、自分を取り巻く状況はわるくなっていきます。

マインドフルネス状態とは、〝今ここ〟を生きている感覚です。「今を主体的に生きている」「今、満ち足りて充実した状態」とも言えるかもしれません。

そこに立ち返るためのマインドフルネス的な手法としては、「呼吸に意識を集中する」「体感を大事にする」「禅的な瞑想を短時間行なう」などがあります。

しかし、なかなか集中することができず、自分をどこかにさまよわせてしまう〝思い〟や〝感情〟から逃れられないという方は多いのではないでしょうか。

実際、自分を惑わせて〝今ここ〟に生きることを難しくさせているのは、そういう〝雑念〟です。

雑念が常に頭を悩ませ、頭の働きを沈黙させないので、〝今ここ〟にいたることができず、結果的に不幸や不運に見舞われることが起きます。

これまでに述べてきた〝マイナスの感情や思い込み〟が雑念の原因です。

そして、雑念のために〝混乱〟してしまうのです。混乱すると、自分本来のものの見方や考え方ができなくなってしまいます。

混乱とはどういうことかというと、思考や感情のエネルギーが通っているルートがあるとして、そのルートのあちこちが詰まってエネルギーが停滞したり、違うルートを形成してしまうということです。

タッピングによってマイナスの感情という〝詰まり〟を取り除くと、エネルギーの流れが正常になります。

そうするとエネルギーは本来の元のルートを通るので、違うところに形成していたルート（〝思い込み〟に相当します）をわざわざ通らなくてもすむようになるのです。

ちょっとわかりにくい説明かもしれませんが、実際は難しいことは考えずに、タッピングのメソッドを継続して行なっていけば無理なく先に進めます。

タッピングを行なっているうちに、「いつの間にか幸せになっていた」「幸せって、こんな感じだったことを思い出した……」などの感覚を抱かれる方々が多くいらっしゃいます。

しかし、特別に〝ビッグ〟な夢を叶えたわけではなく、日常の小さな一コマに〝胸がいっぱいになる〟ような幸福や充足を感じているのです。

それまでどうでもよかったようなことが、身に染みてありがたく、かけがえのないものだと気づいたら、それでもなお、〝ビッグ〟で〝ゴージャス〟な夢を〝ゲット〟しようと戦い続けるでしょうか？

ささいなことにも幸せを感じて自然に感謝できるようになると、その先はどうなるのでしょうか⁉

幸せのエネルギーが同質のエネルギーとシンクロして、さらなる幸せを呼び込むようになるのです。

そのようにして、幸せが未来に向けて雪だるま式に膨らんでいきます。

「今ここ」にある幸せ

マインドフルネスタッピングを継続していくコツは、大きく分けて二つあります。

一つは、タッピングによってもたらされる「**心地よさを好きになる**」こと、もう一つは「**がんばらない**」ことです。

一つ目は、タッピングは苦行ではないので、単純に「楽しみましょう」ということです。

二つ目は、がんばると力みが出るので、エネルギーが停滞してタッピングの効果が落ちるからです。

要するに、〝**ゆっくり**〟やっていくことがとても大切なのです。

「短時間に全力で戦わなければいけない」という極端な場面を除けば、身も心も適度にゆるめて、ゆるやかに対処していくほうが何ごとも解決は〝早い〟ようです。

自分の中のエネルギーの通りをよいままで保っていると、もっと大きなエネルギーとうまく調和するようになり、物事があらゆる面ではかどるようになります。

繰り返しになりますが、〝**ゆるむ**〟と〝**ゆっくり**〟というキーワードは覚えておいてください。いかに自己観察に励んでいても、この二点を忘れては先に進みません。

マインドフルネスタッピングに出会う前まで、私には一つの〝クセ〟がありました。「目標を立てて計画的にがんばる」というものです。

「別に間違ってないいんじゃない？」と思われる方もいらっしゃるかもしれませんが、私はそういう生き方をしてきて、絶えず先ばかりを見て〝今〟を生きないようになり、目標を達成できなかったという〝挫折感〟を作り出していました。

そういう生き方は身も心も〝せっかち〟にし、目的のためには平気で〝犠牲〟を作り出し、結果的に持病を悪化させて、運勢を下げてきたのです。

〝がんばる〟ことは身も心もこわばってしまう生き方ですから、当然のようにストレス過多となり、持病以外にさらなる疾患を生み出してしまいます。

実際、〝せっかち〟〝がんばる〟という生活態度は、自律神経の働きをアンバランスにすることが最近は知られてきました。

私にとって最悪だったことは〝幸せの感覚〟を失ったことです。

一時期は〝笑う〟ことも忘れていました。笑顔を作ったり見せたりするという表現が、本当にできないのです。

幸せは〝今ここ〟にあります。〝今ここの感覚〟が強くなるにしたがって〝幸せの感覚〟は大きくなります。

これがマインドフルネス状態です。

夢でも目標でも何かを追い求めるということは、まだ手に入れていない未来に囚われていることでもあります。

それがどういうものかわからないまま、〝未来にあるはずの最高の幸せ〟に囚われていると、現実で享受している〝今ここにある幸せ〟〝感謝すべきさまざまな幸せ〟を見逃し続けることになります。

家族や友人がそばにいてくれて、雨露をしのぐだけの家もあって、ご飯が食べられて、健康であれば、本来は途方もなく恵まれた環境にいるとはいえないでしょうか。

実際には誰もがいろいろな問題を抱えていますが、それでも一度はゆっくりと自分の今の環境を見直してもよいと思います。

何ごとも〝今ここ〟に還《かえ》ることからはじめて、常にそうあるようにすると、ゆっくりと幸せの雪だるまが大きくなっていきます。

まずはマインドフルネスタッピングを行なうことで、その一歩を踏み出すことができるのです。

最後に、それでもなかなか第一歩を踏み出せないという方に、一つのアイディアをご提供します。

まず、**自分が幸せになる許可を自分に出してください**。

そして同時に、**幸せになる許可を出しにくい自分を許してあげてください**。

淡々とタッピングを実践すれば幸せに気づけるようになりますが、はじめにこの二つのことを行なっておくと、おそらく倍の速さであなたに幸せをもたらすことでしょう。

今、失意のどん底にいて、とてもそのような気分になれないとしても、口先だけでもよいので「幸せになる」「そのためにも自分を許す」と唱えて、心の片隅に置いておいてください。

ときには、幸せになることが恐ろしく思えるときもあるかもしれません。

でも、幸せになっても全然かまわないし、幸せは別にわるいことでも怖いことでもありません。

覚えておいてください。幸せな世界はとてもやさしいということを。いつ、あなたが入ってくるのか、ずっと心待ちにしています。本当のことです。

ただ、向こうから歩み寄ってくることはありません。こちらから踏み出して、たどり着くしか方法がないのです。

マインドフルネスタッピングは、その第一歩をサポートする有力なツールとなるでしょう。以前の私がそうでしたが、たとえ幸せになりたくても、心身ともに生きるのがやっとという状態になると、正攻法・王道といわれるメソッドは継続するどころか実行すら不可能なのです。

人間の体力が最高のレベルにあるはずの十九歳から二十歳くらいのころ、私は電車の中で十分以上立っていることができませんでした。寝たきりの生活で足腰が弱り切っていたからです。

吊り革をつかんで、ものの数分も経たないうちに全身に汗をかき、足腰の辛さに耐えかねて、途中下車して休憩しなくてはなりませんでした。情けなさに涙がこぼれることもたびたびありました。

しかし苦労して外出しても、たどり着く先には友人もいなければ恋人もいません。将来の夢もないし、帰る家も殺伐としていました。

いかに若いとはいえ、そのような状態ではどうにもなりません。とにかく手探りで進んでいくしかなく、今にして思えば、よく生き残ってこれたとわれながら感心します。

もしあのとき、マインドフルネスタッピングを知っていれば——と夢想することもあります。

マインドフルネスタッピングのメソッドであれば、あのころの私でもなんとか実行することもできたでしょうし、継続も苦ではなかったでしょう。徐々に成果も出て、まったく違った人生を歩んでいたと思います。

今さら言ってもどうしようもないことですし、お恥ずかしい限りですが、タッピングはそれくらいいつどこでも、体力・気力・才能・年齢・性別などに関係なく、楽にできるものなのです。

マインドフルネスタッピングを学んだ今だからこそ言えることですが、人生には勝ちも負けもなく、頂点もどん底もありません。

ましてや自分を他人と比べたり、自分の思い込みで自分に価値をつけて思い悩んでいるヒマは、自分の人生にはないのです。

〝今ここ〟から幸せになって、自由をつかみましょう！

マインドフルネスタッピングの発展形のメソッド

本書では、マインドフルネスタッピングのメソッドを解説してきましたが、最後にその発展形である「エネルギーマイスター®」「リミットブレイクマスター®」「ディメンションライザー®」など、さらにハイレベルな（難しいという意味ではありません）メソッドを紹介しておきます。

いずれも、マインドフルネスタッピングを学び、ある程度身につけていなければ受講資格を得られないのですが、タッピングより格上というわけではありません。

ただ、タッピングで主に顕在意識にあるマイナスの感情や思い込みを取り除いていないと、これらのメソッドの効果が現われにくいため、そのような構成になっています。

三つのメソッドの概要を簡単に記します。

エネルギーマイスター

主に自分のエネルギー（内外の「気」）のレベルを質・量ともに高め、感受力と出力を上げるメソッドです。

ほかにエネルギーを操る方法もあり、たとえば結界を張ったり、パワーグッズを製作したり、他者からのエネルギー干渉（生き霊、エナジーヴァンパイアなど）を受けにくくしたりします。

リミットブレイクマスター

マインドフルネスタッピングが主に顕在意識の浄化に効果があるように、潜在意識の浄化に特化したメソッドです。

苦痛や疲弊をほとんど感じさせずに、短時間で強力な浄化を行ないます。タッピングと併用することによって劇的な変化をもたらします。

ディメンションライザー

さまざまなヒーリング系のテーマの中でも難しいとされる〝許し〟に特化したメソッドです。タッピングやリミットブレイクマスターを経ても、なかなか解決しないような深刻なテーマに対して行なうことが多いです。

エネルギーを具体的に操ることも必要なため、ほかのメソッドをすべてマスターしていないと難しく、現段階では講師でも伝えられている人の数が限られています。

このように、最後のディメンションライザーだけはプロ向きであり、いささか難易度も高いですが、最初の二つのメソッドは容易に学ぶことができます。

別に必須のメソッドではありませんが、タッピングだけでは物足りないという方にはお勧めしています。

というのも、マインドフルネスタッピング、エネルギーマイスター、リミットブレイクマスターの三つを修めると、幸せが雪だるま式に膨らんでいく人生がほぼ確実に手に入るからです。

なぜなら、顕在意識に対するタッピングと潜在意識に対するリミットブレイクマスターにプラスして、自分のエネルギーの許容量と出力を大幅に高めるエネルギーマイスターが加わるからです。

簡単にいえば、この世のすべてはエネルギーですから、自分自身の扱うエネルギー量が大きくなっていくにつれて、幸せも大きくなっていくというわけです。

ちなみに数値化はできませんが、エネルギーマイスターでは、それまでの自分のエネルギー量が最低でも十倍になるとされています。

興味を持たれる方もいらっしゃると思いますが、いきなり先へ進もうとするとかえって学びが遅くなってしまいます。

まずは、マインドフルネスタッピングに取りかかっていただけることを願ってやみません。

あとがき

自分の文章が、このような書籍の形で公けになるのは初めてのことです。

数年前の私は、本書に記した通りほとんど廃人の域に達しつつある状態で、完璧な〝負け犬〟でした。

しかし、人生に「勝ち・負け」の判定などはそもそもありません。

もし、何かに「負け」、完全に失敗したと思われている方がいらっしゃるとすれば、誰かの意見を真に受けるなどして、ただ自分でそのように思い込んでいるだけなのです。

それは単なる「思い込み」にすぎませんから、人生を前向きに過ごされたいのであれば、マインドフルネスタッピングを行なって自分の「思い」を変え、自分を取り巻く状況も変えていきましょう。

現実が驚くほどの早さで変化していくことを体験されるでしょう。

善行を積んで少しずつカルマを清算していく——というようなことに専念していると、あっという間に一生が終わってしまいます。

善行に務めることは当たり前のことです。もし、当たり前にできないとすれば、心の中が整理されていないからです。

今の世の中は、普通に生きているだけでは、ほとんどの人が心の中を〝汚部屋〟にしてしまう状況ですので、特に恥じる必要もありません……。

本書では、金運や異性運を上げるといった「願望達成法」のようなことや、〝憑依〟などのオカルト的なことも述べました。

しかしながら、実はそれらはすべて放っておいてよいのです。

「お金をたくさん儲けたい」「理想的なパートナーに出会いたい」、あるいはもっと具体的に、「三年以内に年収を今の五倍にしたい」「二年以内に理想的な伴侶とともに海外に移住したい」といった願望を叶えるメソッドに血道を上げることは、今すぐにでもやめるできでしょう。

おそらくそうしたメソッドでは、自分で設定した期間を過ぎるころには、多くのトラブルを抱え込んでいたり、身も心もボロボロになっている可能性がはるかに大きいのです。

真面目な努力家であればあるほど、ひどい現実を拡大させてしまいます。「努力逆転の法則」と呼ばれているものです。

まずは、

幸せになる！

そこを目指してください。

「幸せ」がどういうものかわからなくなっていたとしても、です。

自分を幸せにできなければ、自分の「願望」や「夢」は見つかりません。

幸せになるためには、「とりあえず〇円、必要だ！」とか、「まずは恋人がいなくちゃ！」などという思いが湧いたとしたら、幸せがどういうものかを忘れていると自覚してください。

少しでも〝幸せな自分〟を実現できれば、そのときに初めて自分にふさわしいお金やパートナーが、向こうからやってきます。

——これが、本書で縷々と述べてきたマインドフルネスタッピングによる「引き寄せ」の基本的な形です。すべてのはじまりであり、すべての帰結点ともいえます。

特別な能力や才能は必要ありません。体力や気力すらいりません。あなたの幸せを見つけ出す（思い出す）だけです。

マインドフルネスタッピングは、そのための第一歩であり、奥義でもあります。

なにしろ、生きているのがやっとという状態だった私でも、楽々と行なうことができたのです。

体はボロボロで立っているのも辛く、頭の中は失敗の記憶でいっぱい、ちょっとでもショックを受ければ、へこたれて何もできなくなってしまうような状態でした。さっさと人生が終わらないかな……といつも思っていました。

そんなおじさんが立ち直っただけではなく、何から何まで別次元になり、楽しく明るく、幸せな人生を手に入れているのです。

本書を読まれて何かしら心に響くものを感じ、マインドフルネスタッピングに興味を持たれた方は、ぜひ、私たちに連絡してください。

ささやかな講習会を各地で開催していますので、実際に体験をされて、「続けてみよう」と思われたとしたら、私たちはまた一人の新たな友人を得たことになります。

最後になりますが、マインドフルネスタッピングの開発者である山富浩司先生、そして一緒に楽しく学ぶ機会を何度も提供してくれるイーモアマインドクリエーション協会の会員のみなさまには、感謝の気持ちでいっぱいです。
また、私を支えてくれた家族、拙稿を世に出す機会を与えてくださったナチュラルスピリット兼ライトワーカー社長の今井様、編集担当の五目舎の西塚裕一様に感謝の意を表します。

令和五年八月吉日

布袋ジョージ

布袋ジョージ

ほていじょーじ　本名非公開。昭和時代、東京の下町で問題の多い家庭環境に生まれ、育つ。孤独な幼少時代を経て、思春期から心身の病を次々と患い、凄惨な青少年時代を過ごし、三十数年にわたるうつ病に苦しむ。私立大学中退後、家業の不動産業に従事しながら、闘病に悪戦苦闘する。成果の出ないまま、数度の自殺未遂、臨死体験を経て、廃人寸前のところで山富浩司先生に出会い、マインドフルネスタッピング® をはじめとする、イーモアマインドクリエーション協会の癒やしと心身開発のメソッドを習得し、短期間で健康や人間関係、経済面での劇的回復を体験する。現在、中小企業の取締役およびマインドフルネスタッピング®、エネルギーマイスター®、リミットブレイクマスター® のインストラクターを務める。都内吉祥寺方面にて、開校を予定している。

本書の感想や著者へのお問い合わせは、下記 HP のお問い合わせフォームにご記入ください。

一般社団法人イーモアマインドクリエーション協会 HP
https://www.e-more.org

奇跡が実現！
驚異のマインドフルネスタッピング

2023年8月26日　初版発行

著者／布袋ジョージ

装幀／福田和雄（FUKUDA DESIGN）
イラスト／月山きらら
編集／五目舎
DTP／株式会社エヌ・オフィス
企画協力／NPO法人企画のたまご屋さん

発行者／今井博揮
発行所／株式会社 ライトワーカー
TEL 03-6427-6268　FAX 03-6450-5978
info@lightworker.co.jp
https://www.lightworker.co.jp/

発売所／株式会社ナチュラルスピリット
〒101-0051 東京都千代田区神田神保町3-2 高橋ビル2階
TEL 03-6450-5938 FAX 03-6450-5978

印刷所／中央精版印刷株式会社

ISBN978-4-909298-18-8 C0095
落丁・乱丁の場合はお取り替えいたします。
定価はカバーに表示してあります。